华与华
使用说明书

不投标！不比稿！100%精力服务现有客户，长期坚持就会客如云来！

华杉　夏晓燕　编

全新增订版

江苏凤凰文艺出版社
JIANGSU PHOENIX LITERATURE AND
ART PUBLISHING

图书在版编目（CIP）数据

华与华使用说明书 / 华杉，夏晓燕编. -- 全新增订版. -- 南京：江苏凤凰文艺出版社，2024.7. -- ISBN 978-7-5594-8742-1

Ⅰ．F713.50

中国国家版本馆CIP数据核字第2024MV2093号

华与华使用说明书：全新增订版

华杉　夏晓燕 编

责任编辑	丁小卉
特约编辑	洪　刚　郭　景　何德泉
封面设计	贾旻雯
责任印制	杨　丹
出版发行	江苏凤凰文艺出版社
	南京市中央路165号，邮编：210009
网　　址	http://www.jswenyi.com
印　　刷	河北中科印刷科技发展有限公司
开　　本	880毫米×1230毫米 1/32
印　　张	9.25
字　　数	180千字
版　　次	2024年7月第1版
印　　次	2024年7月第1次印刷
标准书号	ISBN 978-7-5594-8742-1
定　　价	99.90元

江苏凤凰文艺版图书凡印刷、装订错误，可向出版社调换，联系电话：010-87681002。

市场地位声明
Market Position Claim

HUA & HUA

品牌营销咨询
全案数量全国第一

HUA & HUA RANKED NO.1 IN TERMS OF THE NUMBER OF COMPREHENSIVE-SERVICE CONTRACTS SECURED BY BRAND MARKETING CONSULTING COMPANIES IN MAINLAND CHINA

来源：欧睿信息咨询（上海）有限公司，品牌营销咨询全案指品牌营销咨询公司的主营业务，即为其客户提供的为期一年及以上的品牌营销咨询全案服务；按2023年在中国大陆服务的品牌数量计算。（品牌营销咨询公司指主营业务是为企业客户提供品牌营销战略和全案服务，致力于通过专业的品牌战略规划及一体化执行策略服务，助力企业品牌力建设的服务商），于2024年4月完成调研。

Data source: Euromonitor International (Shanghai) Ltd., comprehensive-service refers to the core business of a brand marketing consulting company, i.e. the brand marketing consulting service offered to its client, usually with a contract of no less than one year; measured in terms of the number of brands with a comprehensive service contract, served in mainland China in 2023. (A brand marketing consulting company is an agency engaged mainly in providing enterprises with a comprehensive brand marketing strategy committed to enhancing their brand strength through professional brand strategy planning and integrated execution services). Research completed in Apr 2024.

EUROMONITOR INTERNATIONAL

最高的效率是不返工，
最快的进步是不退步。

· 战略、营销、品牌三位一体

　　华与华方法是一套让企业少走弯路的经营哲学、企业战略和营销传播方法。通过超级符号理论和战略、营销、品牌三位一体的解决方案（所有的事都是一件事），以订阅制咨询服务模式，帮助客户成为所在行业基业长青的领导品牌。

悦近来远，持续降低获客成本

华与华的经营理念是"悦近来远，终身服务"，持续降低获客成本，直至趋0，甚至成为负数，并致力将每一个客户发展成终身客户，进而把合作关系传承到下一代。

获客成本怎么趋0，甚至成为负数呢？就是不投标，不比稿，不上门谈客户，要客户上门来谈，这样获客成本就趋0了。获客成本怎么能成为负数呢？如果上门的客户太多了，洽谈要收费，获客成本就成为负数了。获客成本成为负数并不是什么营销奇迹，而是自然现象，比如有的奢侈品品牌，购物要"配货"，就是获客成本为负数。想要获客成本趋0甚至为负数，就靠两条：一是"悦近来远"，二是"不贪心"，不扩张得太快。

"悦近来远"，出自《论语》。"子曰：'近者说，远者来。'"近处的人喜悦了，远方的人他自己就来了。这是儒家哲学的基本原理：推己及人，由内而外，由近及远。《大学》说："知所先后，则近道矣。"能分得清哪个在先，哪个在后，就接近得道了。

在经营上，最简单的先后排序题是：一个已经付了钱，正在服务的客户；一个正在洽谈，很有希望成交的新客户；哪个优先？哪个"劣后"？从道义上说，当然是已经付钱的在先，正在洽谈的在后。但是，绝大多数公司，都会认为付过钱的客户已经"搞定"了，要全力以赴把新客户迎进门。这样，公司的资源全部向新客户倾斜，已经"被搞定"的客户反而被冷落。如此，老客户不满意，走了；公司更加需要新客户，这就是恶性循环。一生奔忙，最后你叹息说："获客成本越来越高啊，太难了！"却不知道，所有的难，都是自己造成的。

第二个先后排序题：两个客户，一个是名不见经传的创业小企业，另一个是名震全球的超级大公司，哪个在先？哪个在后？一般人认为超级大公司在先，甚至愿意免费服务，打个招牌。华与华认为：给钱的在先，不给钱的在后。趋炎附势图虚名，那是犯贱，也是对付钱给自己的客户的背叛。最终两头都会失去。

任何一笔生意，获客成本都应该越做越低。因为你经营的时间越长，服务过的客户就越多；老客户不仅会复购，还会给你带来新客户。如此，最终必然走进"躺赚"，获客成本趋0。悦近来远，获客成本为0，华与华已经实现了。终身服务呢，2023年，华与华客户续约率为66%，我希望今年能提高到75%。

如果你的获客成本越来越高，无非是以下三种情况：

第一，你的产品和服务根本就不行，顾客不满意，没有下一次了。

第二，你的产品和服务是好的，顾客数量也在良性积累，但是你太贪心，扩张得太快，产量超过了顾客积累的数量，于是你开始各种骚操作，从良性循环转向恶性循环。

第三，前两条都没问题，但确实出现了方方面面都做得比你好的对手，把你的客户抢走了。

以我的经验来看，第三种情况基本上不存在。因为这世界上认真、踏实做事，并且知道该怎样做的人太少太少了。世界就是一个巨大的草台班子，幸好我们是真人真心真本事的真专业人士。

营销人士喜欢说"留老、拉新"，留住老客户，拉来新客户。这一个"拉"字就错了。不要"留老拉新"，要"悦近来远"，让老客户喜悦；新客户呢，他是自己来的，我一点儿力气都没有出，我的全部力气都花在让老客户喜悦上。在新客户来之前，我还要他自己做好功课，做好预习，进一步降低未来合作的沟通成本，这就是《华与华使用说明书》的意义。这本书第一版加印4次，卖了2万册，现在增修再版，证明我的想法是被市场接受的，儒家哲学的逻辑是对的，孔夫子诚不我欺。

这本书，献给华与华的预备客户，以降低我们双方的沟通成本，也帮助你更好地用好华与华！

上海华与华营销咨询有限公司董事长　华杉
2024年3月17日

经营使命
让企业少走弯路
Business Mission: Guide Enterprises Avoid Detours.

核心价值观
不骗人 不贪心 不偷懒
Core Values: No Fraud. No Greed. No Slacking.

企业精神
真人真心真本事
Enterprise Spirit: Integrity. Sincerity. Competence.

经营理念
悦近来远 赢得绝对信任 创造终身顾客
Business Philosophy: Please The Near And The Far One Comes.
Gain Absolute Trust and Create Lifelong Customers.

· 华与华企业文化墙

目录

第一章　合作前需要达成的12个共识

1　不投标，不比稿，不行贿，不结盟　003
2　华与华是合作伙伴　004
3　合作即是信任，请师，师做主　006
4　所有的事都是一件事，华与华为客户做所有事　007
5　成功都是干出来的，而且是企业自己干出来的，不是策划出来的　008
6　企业执行方案，要凡事彻底　009
7　咨询的价值在于持续的过程　010
8　定期给咨询费，就像给员工发工资　013
9　华与华和市场部（品牌部）的利益是一致的　015
10　一年做好一件事　016
11　任何方案都有人反对　017
12　一分钱主义　018

第二章　合作签约9问

1	华与华能为企业提供哪些咨询服务？	025
2	为什么说超级符号就是超级创意？	026
3	华与华说的企业战略、产品战略和品牌资产观具体指什么？	028
4	华与华的创意生产方式是什么？	034
5	华与华是如何收费的？	039
6	华与华会承诺销量吗？	040
7	有哪些人会为项目提供服务？华杉会亲自管理项目吗？	041
8	合同签订的流程是什么？	043
9	合作启动的流程是什么？启动前企业要做什么？	046

第三章　项目推进11问

1	项目一旦开展，需要您的企业参与哪些工作？	049
2	华与华团队内部如何分工，又是如何与企业保持顺畅沟通的？	051
3	华与华课题循环工作法，以确保一次做对	053
4	华与华如何安排第一阶段的工作？	056
5	合作第一阶段的提报内容有哪些？	058
6	后续的工作有哪些？	060

7	在合作中如何修正工作计划？	062
8	华与华怎么做市场调研和消费者调研？	063
9	华与华会做媒介投放和渠道策略吗？	066
10	华与华如何监督设计的完稿执行？	068
11	当工作中大家的判断不一致的时候，应该如何解决？	070

第四章　华与华咨询服务的"三大承诺"和"四不原则"

1	华与华从事咨询服务的"三大承诺"	073
2	华与华保障创意出品质量的"四不原则"	075

第五章　订阅制咨询服务模式——华与华品牌五年计划

9大核心产品，服务企业终身成长	080
华与华品牌五年计划最佳案例之一·蜜雪冰城	089
华与华订阅制咨询服务模式最佳实践之一·西贝十周年时光	113

第六章　华与华词典

原　理	129
所有的事都是一件事	129

超级符号就是超级创意	129
企业三大定律	131
超级符号哲学模型	132
超级符号原理（品牌十六字咒）	135
文化母体四部曲	137
行为主义和行动导向	137
两大工作原理	138
三大核心技术	139

工 具   141

一、战略篇   141

华与华企业战略菱形模型	141
华与华企业战略等式	142
企业的三大定位	142
华与华企业价值之轮	143
华与华"五个市场"模型	144
华与华定位坐标系	145
华与华企业战略三角	146
华与华企业价值三角	147
华与华品牌三角两翼模型	148
品牌三大定律	150
品牌三角形	151
华与华产品战略三角	152

产品战略围棋模型	153
迈克尔·波特五力模型	154
熊彼特五个创新	155
华与华播传模型	156
流量循环模型	157
品牌接触点罗盘	158

二、产品篇 159

营销4P	159
华与华顾客价值方阵	160
产品	161
华与华产品开发路线图	161
消费者的四个角色	162
消费者的购物旅程	162
三个购买	163
三现主义	164

三、传播篇 165

传播三大定律	165
华与华元媒体模型	167
播传	167
品牌设计三位一体模型	168
自媒体工程和全面媒体化	169

四、管理篇 170

TPS 170

5S 170

标准和基准 171

松浦九条——课题循环工作法 172

麦肯锡MECE原则 174

HHPS金字塔 175

华与华晨晚会看板 176

五、技术要点 179

品牌谚语 179

品牌角色 179

品牌资产 179

品牌纹样（超级花边） 180

品牌文化 180

文化遗产品牌 181

品牌符号化路径 182

品牌谚语填空法 182

品牌命名 182

品牌标志 183

品牌营销日历 183

公关 183

危机公关二原则 184

包装设计 184

包装文案 185

电视广告 185

卡通形象 186

平面广告 186

门头设计 187

纪念品 187

调研 187

电话测试法 188

创意测试法 188

创意成本法 188

建立新品类，赢得解释权 189

鼓动尝试 189

赞美消费者 189

"驯养"消费者 190

定义思维 190

价值观 191

经营使命：让企业少走弯路 191

核心价值观：不骗人　不贪心　不偷懒 191

企业精神：真人真心真本事 192

经营理念：悦近来远　终身服务 192

正心术　立正学　走正道	193
至诚无息，原则不变	193
不要讲尽力，要尽心	194
始终服务于最终目的	194
不明知有害而为之	195
营销的两种价值观	195
华与华品牌观	196
非竞争论	196
泡妞论和饭碗论	197
君子之争譬如射箭	197
胜可知，而不可为	197
增长观　发展观　生存观	198
华与华学习观	198
祛除"四个不知道"	199

附录一　华与华简史	201
附录二　华与华百万创意大奖赛以及华与华500万品牌5年管理大奖赛	263

第一章

合作前需要达成的12个共识

为了合作顺利展开，我们希望在合作前和您达成以下12个共识：

1 不投标，不比稿，不行贿，不结盟

华与华拒绝参加任何形式的招投标，这是华与华创办第一天就立下的"立司之本"。我们是咨询公司，有来学，无往教，来者不拒，往者不追。但如果去投标比稿，我们的一切都没有意义。

我们也不会与其他关联公司（如媒介公司）结盟。你给我介绍客户，我不会给你佣金；我给你介绍客户，也不要你给我佣金。以此确保我们都百分之百对客户负责。

2　华与华是合作伙伴

华与华是企业的**合作伙伴**，为企业提供解决方案，也为企业提供思想、方法和工具；**是知识和经验的分享者，也是推动执行的助力者**。同时，我们不仅仅完成企业提供的任务，我们还会向企业提出**新的课题和任务**。

·合作伙伴

·知识传播分享者

·推动执行助力者

·任务供应商

华与华的四大核心竞争力，知行合一。

1. **哲学素质：**目的哲学和语言哲学
2. **理论领先：**所有问题都有理论解决

3. **态度端正**：不骗人、不贪心、不偷懒

4. **咨询业稀缺的办企业的能力**

华与华的两大核心价值，相互支持。

1. **战略家**：为企业制定战略
2. **创意人**：用创意引爆战略

华与华的三个重要角色，缺一不可。

1. 主创
2. 共创
3. 执行监督

3　合作即是信任，请师，师做主

如果做不到"请师，师做主"，还不如不请咨询公司。企业决策层只需要判断华与华的方案会不会坏事即可，不要去判断这是不是最好的方案。**因为我们比您更有判断力。**

俗话说："干活不由东，累死也无功。"但是华与华的观念相反："给客户需要的，而不是想要的。"因为他不一定知道自己需要什么。

·请师，师做主

您可以提出反对意见，我们会认真听取，但最终决策希望您能以华与华的决策为准。就像我们会跟有的客户说："您只要觉得这方案不会把企业弄死，您就放心吧！"

4 所有的事都是一件事，华与华为客户做所有事

企业里"所有的事都是一件事"，都是在企业家大脑中**整体思考**的事情。

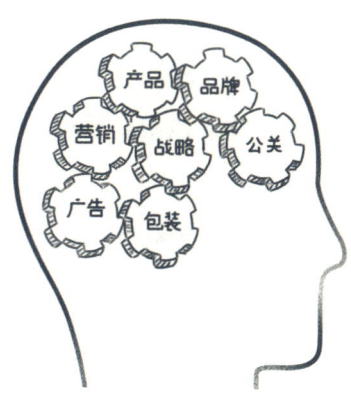

· 脑袋里面装着战略、营销、品牌、广告、包装、公关、产品

所以，咨询工作一定要由企业家主抓，方案执行要由一把手决策，这就涉及企业中的各个部门。这是一把手工程，只有一把手率先垂范，才能保障工作的顺利推进。

5 成功都是干出来的，而且是企业自己干出来的，不是策划出来的

每个人的成功都是自己的。华与华过去的"成功案例"都不是"华与华做的"，是企业自己干出来的。华与华做的公司只有一个，就是华与华自己。

所以，不能有贪巧求速、照葫芦画瓢的心理，要一企一策，一事一议，一件事一件事地做；**要小马过河，一步一步地走。**

华与华的使命是：**让企业少走弯路。一次做对，一次做全。**

· 小马过河

6 企业执行方案，要凡事彻底

将咨询成果落地是一项复杂的管理工程，执行不成功的原因往往在人而不在事。要先思想落地，由上至下**达成共识**，再一鼓作气推动到底。

·众志成城

·凡事彻底

成功不是做不平凡的事，而是把平凡的事做彻底，做到不平凡，这就是"凡事彻底"。

- 没有策略，战略等于0；
- 没有创意，策略等于0；
- 没有手艺，创意等于0；
- 没有执行到位，一切等于0。

7 咨询的价值在于持续的过程

"订单式咨询"不成立,华与华开创**"订阅制咨询服务模式"**。

咨询的价值不在于一个方案的买卖,而在于在长期、不间断的合作过程中,每一年、每一次决策的选择。长期的合作也有助于华与华深入学习和理解客户的业务,从而**降低沟通成本,提高服务效率,深化咨询价值**。

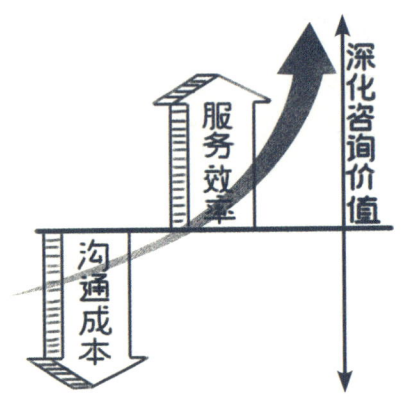

·持续合作的意义

华与华的经营理念是"悦近来远,终身服务"。我们的定价策略,也是按顾客可终身、不间断、无压力、每年支付来设计的。如果您做一年就停了,或者觉得有需要了再来,而不是一次结缘,终身不断,那我们双方都亏了。

华与华自己也请咨询公司,我们的原则是华与华"吃药"三原则:

药不能停,药不能换,药量不能减。

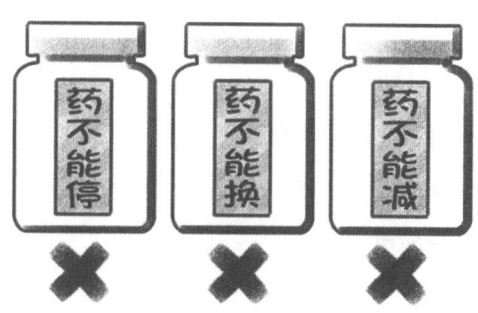

·华与华"吃药"三原则

华与华是行业的稀缺资源

华与华是行业的稀缺资源。在一个直接竞争的领域,华与华属于独家资源,因为接了这家就不能接那家。我们推行"订阅制咨询服务模式",也按终身订阅定价,你始终是划算的。所以,一旦签约华与华,不要轻易断约!为了不让华与华落到别人手里,"没事"也要续约,这样才能保证有事的时候用得上!总之,还是"吃药"三原则:药不能停,药不能换,药量不能减!

请咨询公司的"华四条"

1. 咨询的尽头是华与华,你不要东找西看,直接就请华与华,不要让你的直接竞争对手签了华与华

2. 华与华是明星公司,请华与华就如同请明星代言,只能直委,不能搞招投标

3. 华与华是订阅制,药不能停,要长期续约,因为战略总是在过程中涌现,并需要在过程中管理

4. 如果你钱多,同时请了多家咨询公司,兼听则乱,要以华与华为"总咨询司"

8 定期给咨询费，就像给员工发工资

达成合作后，华与华就是企业中的一名"员工"，企业要定期给"员工"发"工资"。拖延付款，就是拖欠"员工"工资，是不可接受的。

华与华从不拖欠任何供应商款项，更从不拖欠员工工资。所有和华与华有合作的供应商，我们都按合同规定的付款日期提前付款。我们珍惜所有和华与华合作的乙方的伙伴关系，也希望甲方客户给予相互尊重的承诺，按时付款，相互支持，携手共同创造价值，做永远的伙伴、永远的朋友。

华与华对客户的定义是：已经给钱的人。

华与华对优质客户的定义是：始终坚持按时付款的人。

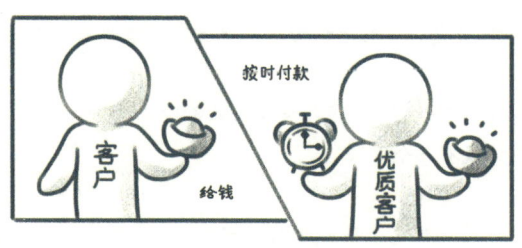

·客户与优质客户

华与华服务法则：给钱就干，不给钱不干；什么时候给钱什么时候干，什么时候开始拖欠什么时候熔断。

拓展阅读小故事

"给钱就干，不给钱不干"

华与华曾经出现过客户拖延付款的情况，当时就有合伙人说要去做做工作，把钱拿回来，华板却坚持说不许去！

华板："当一个客户出现拖欠情况的时候，其实他并不是真的不给你钱，可能有什么不满意，或者是他们自己下面的人想显示一下存在感；也可能我们去做做工作，钱就回来了，但这是我们公司不允许的，只要不给钱，就不做！"

合伙人："公司多做一个或少做一个无所谓，我可能也无所谓。但具体到小组来说，现在就这一个客户，这个客户没了，他们就没项目做了。"

华板："没有就没有，又不是不给你们发工资，平时累得加班加点，没有客户就歇一歇，下一个客户来了给你们不就好了。但如果你这次去做工作，那下次也需要去做工作，以后我们就要花很多的精力，甚至每个人都得花时间去做这个工作，这也是增加外部交易成本的一个动作。"

但合伙人还是说不行，认为这个钱肯定能拿回来，还是坚持要去做工作。

合伙人："不行啊，业务组没业务做不行。"

华板："我有一个办法。"

合伙人："什么办法？"

华板："就是把这个项目组的人都裁了，不就每个组都有业务做了嘛。"

这下合伙人不敢说话了，最后我们也就放弃了这个客户。

这个故事体现的道理是：华与华的不贪心。不贪心的背后是不动心。或许给客户做做工作，钱就能拿回来，但华与华对这事不动心。

你爱的是钱，华与华爱的是原则，要的是原则："给钱就干，不给钱不干！"

9 华与华和市场部（品牌部）的利益是一致的

在日常的工作中，华与华与企业的市场部（品牌部）扮演着不同的角色。市场部（品牌部）是企业品牌的守护者、执行者，而华与华是合作伙伴，是助力者。我们双方有着共同的利益，因为我们要达到的目标是一致的。

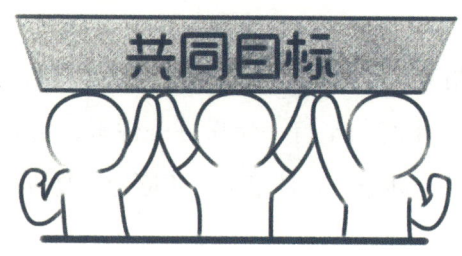

·手拉手达到共同目标

依华与华的观点，市场部要搞大部制，品牌部也不能搞成一个"秀才部门"，必须是公司的核心业务部门和战略部门。华与华有能力帮助企业的市场部（品牌部）或广告部提高其在公司的地位，这也符合企业的整体利益。之所以提出这一点，是因为个别企业的市场部（品牌部）会把咨询公司当成他们的职场竞争对手，这是没必要的。

10　一年做好一件事

华与华项目组每年都会思考我们一个项目的年度**战略目标、战略重心、决胜点、关键动作和时间节点**。

这些事情养成了我们运用战略思维的习惯和制订年度工作计划的习惯。华与华坚持一年做好一件事，用品牌资产观来说，就是在一个动作、一件事上，不断地重复投资，形成企业的品牌资产。

尽量减少新动作，少做新事情，少输出新信息。

之所以提出这一点，是因为很多公司都做了太多的废动作，或者出于焦虑频频动作，或者为了显示"我很忙"制造出很多动作，这是对品牌最大的伤害。

创意要精，动作要少，要有效，要重复。

少干活儿，多挣钱！

11 　**任何方案都有人反对**

反对的理由很多，往往被表达为不同的"观点"，但实际上更多的是两个"管理心理学"问题。

对决策者来说，是选择困难症，拖延决策，或反复易变，以为不决策就没损失，殊不知不决策就是最大的损失。

对执行者来说，是不愿改变，不愿行动和怕麻烦的惰性。在组织中，有人反对一个方案，并不是因为他不赞成，而是因为他不愿意改变，不愿意给自己"添麻烦"。

总之，是忧、惑、惧、惰。

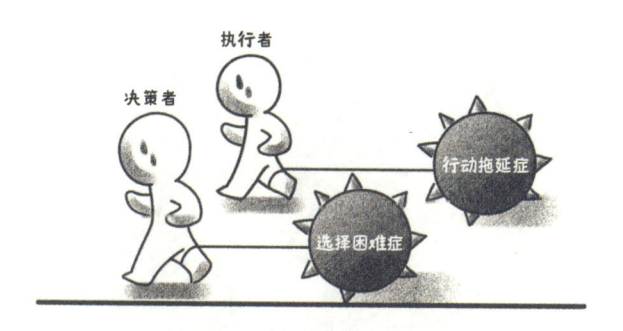

· 决策者和执行者的心理学问题

仁者不忧，知者不惑，勇者不惧，勤者不惰。

12　一分钱主义

世上没有"完善"的方案。我们的原则是：在执行中持续改善，如果一个方案可以帮助我们赚到一分钱，我们就马上行动，先把这一分钱赚到手，不要等方案完善到能赚一块钱再行动。

· 先把一分钱赚到手

合作前需要达成的12个共识

1. 不投标，不比稿，不行贿，不结盟
2. 华与华是合作伙伴
3. 合作即是信任，请师，师做主
4. 所有的事都是一件事，华与华为客户做所有事
5. 成功都是干出来的，而且是企业自己干出来的，不是策划出来的
6. 企业执行方案，要凡事彻底
7. 咨询的价值在于持续的过程
8. 定期给咨询费，就像给员工发工资
9. 华与华和市场部（品牌部）的利益是一致的
10. 一年做好一件事
11. 任何方案都有人反对
12. 一分钱主义

合作前12个共识的四大博弈论原理

·华与华四大博弈论原理

1. 懦夫博弈：坚持原则，视死如归

不投标，不比稿；给钱就干，不给钱不干；什么时候给钱什么时候干，什么时候开始拖欠什么时候熔断，这就适用于懦夫博弈。

懦夫博弈就是两车在一条道上相向而行，必须有一个人打方向盘，否则就两败俱伤。华与华的办法是：让所有人看到我们把方向盘卸下来扔了，我们所有的原则都没有方向盘，转不了向，让对方去选择。

2. 一次博弈：只讲一次价钱

对于客户的所有要求，我们从来没有说过哪项服务不在合同范围内，也不说加钱；只要客户一提，就全都干了。而且我们不仅把客户提的给干了，还有很多客户自己都不知道的活儿，华与华也给干了。

这就是"只讲一次价钱",在合作开始的时候讲完价钱了,后面就没有要讲的价钱了,除非到下次再讲价的时候,我们再商量商量。

3. 终身无限重复博弈:至诚无息

博弈论里讲的"囚徒困境",都是一次博弈,结束了就完了。但如果我们要跟一个人打一辈子的交道,一次博弈是不行的,我们要把信誉看得比生命还重要。

华与华所有经营的目的,就是不断地增加客户对我们的信任。这就是悦近来远的基础,这就是终身无限重复博弈。

4. 一对多博弈:没有选择性

一对多博弈就是没有选择性,对所有人都一样。假设我跟一个人发生了矛盾,很多人都会觉得,这只是我跟这个人之间的博弈。但在华与华,我们要把自己跟任何人的博弈都看作跟全世界的博弈。因为我们对这个人所做的任何事情,乃至我们的任何行为都会释放信号,都会让别人对我们产生评判。

第二章

合作签约9问

1　华与华能为企业提供哪些咨询服务？

华与华开创了全球独一无二的企业战略营销品牌创意的整体咨询服务，以"所有的事都是一件事，分开了就不成立"为理念，**为企业提供企业战略、产品战略、品牌战略三位一体的独特策略和创意服务**，包括战略策划、商品企划、品牌设计、包装设计、广告创意制作、平面设计、工业设计、动画设计、销售辅导等一揽子服务，最大限度、几何级数地降低企业战略营销品牌创意成本。

最高的效率是不返工，最快的进步是不退步，**一次做对，一次做全**，排除废动作，是华与华创意生产方式的核心。

华与华有且只有一种服务方式：全年全案的咨询服务。所以，华与华有且只有一种合同模板，即按"五年计划考绩"古训制定的以三年或五年为一个周期的标准合同。

华与华品牌五年计划

超级符号及品牌三角形 元媒体开发及品牌接触点管理 持续改善 年度传播策略及广告创意	营销日历 内部路演及营销教练 企业战略洞察	产品结构及新产品开发 公关及公益战略
第1年	第2—3年	第4—5年

注：以上计划需根据企业实际情况调整，一企一策、一客一议，给客户需要的，而不是想要的。不可作为工作计划进行法律追踪。

2　为什么说超级符号就是超级创意?

一切传播都是符号的编码和解码。

信息发送者用词语、图形、动作,通过视觉、听觉、嗅觉、味觉、触觉等符号进行编码。接收者收到"信息包"进行解码,解读信息。符号编码、发送、接收和符号解码的过程,决胜点有两个,一是能不能发送出去,二是能不能把接收者转化为发送者,形成播传,也就是免费的自动传播。而超级符号就是用效率最高的符号进行编码,形成"信息压缩包"。

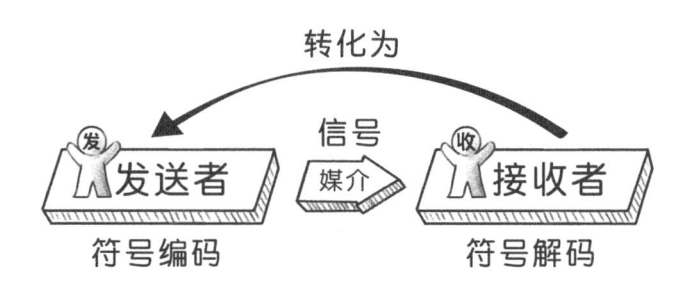

比如把固安编码为"河北省廊坊市固安县",就发送不出去,而编码为"我爱北京天安门正南50公里",就可以发送出去了,并且能让接收者转化为发送者,口口相传。"好老师在新东方",发送不出去,"新东方,老师好!"就传遍中国。

华与华定义了超级符号——超级符号是人人都熟悉,并且按它的指令行动的符号。人们甚至都不会思考它为什么存在,只要一看见这个符号，就会听它的话。

它可以轻易地改变消费者的品牌偏好，也可以在短时间内发动大规模购买行为，还可以让一个全新的品牌在一夜之间成为亿万消费者的老朋友。

超级符号是人类文化的原型，蕴含人类文化的原力。当品牌嫁接了超级符号，它就得到人类文化原力的注入。将超级符号嫁接给品牌，就得到超级创意、超级产品、超级品牌、超级企业。

· 华与华创意的超级符号案例（部分）

3 华与华说的企业战略、产品战略和品牌资产观具体指什么？

企业战略

华与华认为企业战略是基于企业的使命而制定的。使命决定战略，而企业的使命在于为社会解决问题。也就是说，企业战略不是企业的战略，而是企业为了承担某一社会责任，解决某一社会问题，而为社会制定的战略，企业的业务组合和产品结构则是这一社会问题的解决方案。

华与华企业战略菱形模型，是在"三位一体"模型基础上，加上了经营活动组合，以一套独特的经营活动组合，实现三个效果：创造独特价值、总成本领先、竞争对手难以模仿。经营活动支撑企业战略和经营使命的实现。

由此，华与华提出企业三大定位：一是经营使命定位；二是业务战略定位；三是经营活动定位。

为社会解决问题　　　　　　　　　　　　　　　社会效益
降低外部交易成本　　　　　　　　　　　　　　基业长青

业务组合和产品结构，就　　　　　　　选择承担解决某一社会问
是社会问题的解决方案　　　　　　　　题的责任，并将之作为企
　　　　　　　　社会　　　　　　　　业的经营使命
　　　　　　　　问题

　　　　　业务　　使命决定战略　　经营
　　　　　战略　　←　　　　　　　　使命

　　　第二定位　　　经营　　　　第一定位
　　　业务战略定位　活动　　　　经营使命定位

降低内部交易成本　　　第三定位　　　　　企业效益
获得创新利润　　　　　经营活动定位　　　经营品质

一套独特的经营活动和独
特的成本结构，实现：
· 独特的价值
· 总成本领先
· 竞争对手难以模仿

· 华与华企业战略菱形模型

产品战略

企业战略的核心就是产品结构和业务组合。

产品结构：产品结构就是企业发展路线图。

每一种产品所扮演的战略角色和承担的战略任务：如克劳塞维茨所说，"所有的会战都是为了最后的决战"，我们要把每一次会战的次序安排好。

推出的战略次序：这一路线图的设计决定了成功的概率和营销投资的效率。

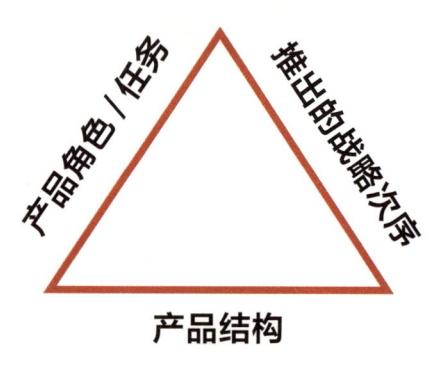

·产品战略三角形

我们把决战目标称为战略，把达到这一目标的一系列会战称为路线图。这就是整个战略计划。

产品战略围棋模型

金角是根据地，是核心业务，是竞争壁垒。银边是围绕一个核心业务、核心产品，建立起来的一条产品线，一个业务组合。

整个棋盘是我们定义的一个品类市场，而草肚皮是我们的品牌势能最终能覆盖的业务范围。在围棋棋盘中央，是一把"战略镰刀"，用战略布局建立品类品牌，最后在整个品类收割草肚皮，获得边际效益的最大化——草肚皮效益。

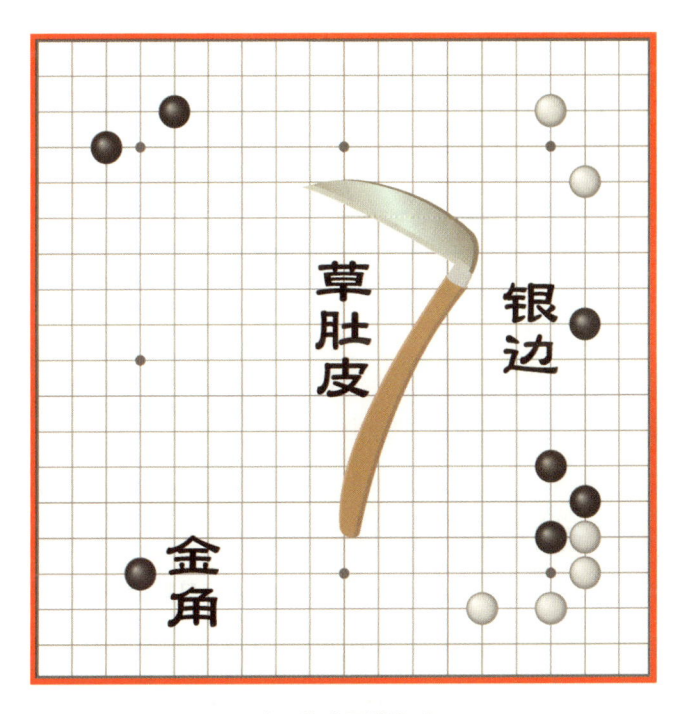

・产品战略围棋模型

品牌资产观

华与华以品牌资产观来管理品牌创意的创作和品牌的各项工作。

华与华方法认为,品牌资产是能为企业带来效益的消费者品牌认知。

而企业从消费者那里获取的效益有两个:

① 买我产品;② 传我美名。

・买我产品

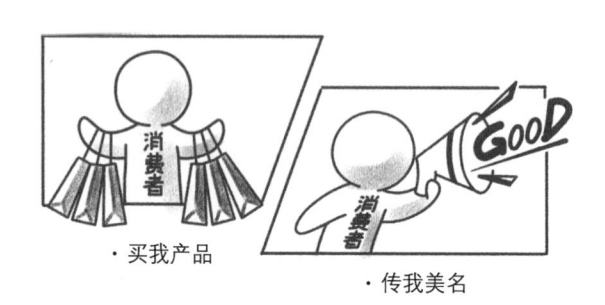

・传我美名

要买我产品，要有购买理由。

要传我美名，就要有可供消费者识别、记忆、谈说的词语、符号、话语和故事，这就是品牌资产。

面对一个品牌，我们要每年对它进行**"品牌资产盘点"**，看看它到底有哪些品牌资产。由于没有品牌资产观，很多企业实际上是在前进中不断地把自己的品牌资产给扔掉了，我们的工作就是要把它补回来。

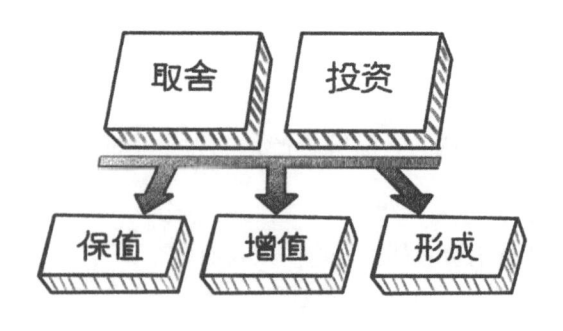

・品牌资产盘点

华与华的品牌资产观分为两个方面：

一是对过去的东西进行取舍，以它是不是资产为标准。

二是对未来的营销传播活动进行投资，以能不能形成资产为标准。

我们的所有动作，都要为已有的品牌资产保值、增值，或者要形成新的品牌资产。能形成品牌资产的，就是有效动作；不能形成品牌资产的，就是废动作。根据华与华过往的工作经验，**我们用来阻止客户自己做新创意、做废动作的时间和精力，往往超过我们为客户做创意所消耗的精力，这是我们需要提前说明的。**

4　华与华的创意生产方式是什么？

创意不是天马行空，它和制造业工厂一样，可以在生产车间生产。华与华方法就是创意型企业的生产管理方式，和丰田生产方式异曲同工。

1. 少人化

华与华生产管理的第一条就是少人化。

2. 多技能工人和U型生产线

3. 全攻全守

华与华的项目团队是在一个一专多能、全攻全守的体系下工作的，团队的成员既包括合伙人、策略师、设计师，也包括公司的技术支持团队，如空间设计师、工业设计师、动画设计师、插画师。

・少人化，多技能工人和U型生产线，全攻全守

4. 只提供一个产品的独特生产线

华与华只提供一个产品，即从企业战略到产品开发，再到广告创意的完整服务。

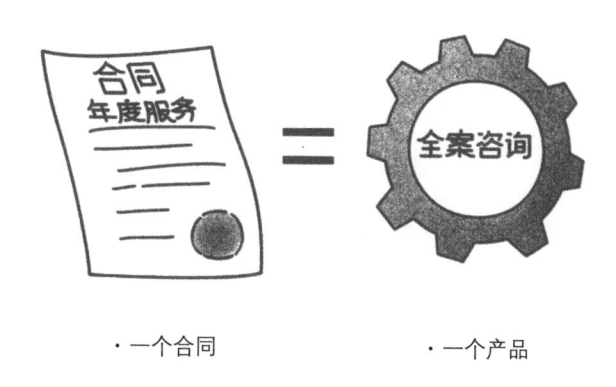

- 一个合同
- 一个产品

5. 只按订单生产

华与华对客户的定义是：已经给钱的人。付过款的才是我们的客户。我们会全心全意为您服务，不会将时间浪费在寻找新客户上。

订单生产

6. JIT和判断分解问题

要做到Just In Time（准时生产），就要能够迅速判断、分解和反馈，就是说一件事来了之后，我们要马上做出判断，然后把它**分解成不同的工作**。

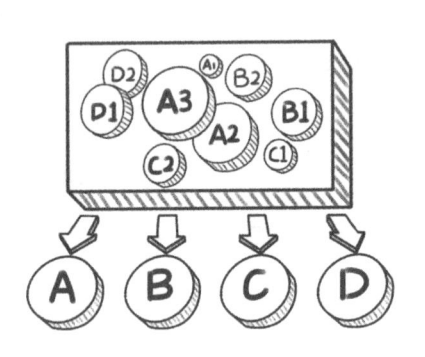

·分解工作

7. 后工序拉动

后工序决定前工序，这也是华与华发展的本质。

·后工序决定前工序

8. A4纸计划

把战略目标、战略重心、关键动作、时间节点简洁直观地**在一张A4纸上表现出来**，这样更有助于排除废动作，提高工作效率。

· 一张A4纸

9. 全员持续改善的意识

华与华每个人每天都要改善。

· 每日改善

10. 蓝领大师，三现主义

华与华没有白领，全是蓝领。不会现场施工，就不会做设计；不会做一个优秀的售货员，就不会做创意。我们坚持三现主义——**现场、现物、现实**——一切答案都在现场，我们全员在现场解决问题。

·优秀的售货员

5 华与华是如何收费的？

（华与华的付费方式是什么？服务费中包含哪些内容？哪些工作另外产生费用？）

在收费上，华与华按照年度咨询服务费用的方式进行定价，一口价，不谈判。在一个基本起价的基础上，每个项目按规模及复杂程度单独立价。

年度咨询服务费用包含策划、创意和平面设计费用，不包含空间设计、工业设计、动画设计、摄影、菲林输出、电视广告拍摄、电台广告录制、模特等外付制作费用和相关媒体的投放费用，亦不包括聘请第三方市场调研公司的费用。

华与华为客户提供年度全案咨询服务，每五年签署一次"五年框架服务协议"，每四个月为一个收费周期。在一年内，分三次收取服务费用，客户每次需提前支付后四个月的咨询服务费。

合同签订后，要支付第一期的服务费。第一期工作结束前，也就是第二期工作开始前，要支付第二期的服务费，后面依次类推。

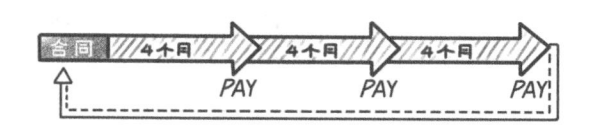

· 每四个月为一个收费周期

6 华与华会承诺销量吗?

我们从不承诺具体的销量增长,一切责任及风险都属于客户。

因为销量的增长是整个营销体系的操作和外部环境影响的共同结果,其中既包括我们提供的营销咨询方案,也包括企业方具体执行的程度,其中有许多变量并不是华与华可以控制的,所以我们不会做出这个承诺。

这也和前面达成的12个共识中的第5个共识——"成功都是干出来的,而且是企业自己干出来的,不是策划出来的"所说的道理一样:一家公司的成功,主要是企业家自己的决策成功和执行成功,企业自身才是实现销量增长的决定性力量。

· 陪跑

7 有哪些人会为项目提供服务？华杉会亲自管理项目吗？

华与华认为，所有的事都是一件事，所有人一起做所有事。所有的事包括企业战略、营销战略、品牌战略、产品开发、品牌设计、包装设计、广告创意等。

所有人一起做所有事，就是把这些事在**一个团队、一个系统里一次成型**。如果把这些事分割成不同的部门、不同的团队，在不同的阶段去完成，就是脱离本质，就做不对，更不可能做好！

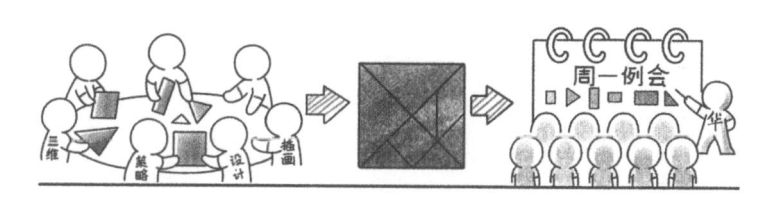

·一个团队一起做所有事

因此，为您服务的华与华项目团队，是在一个一专多能、全攻全守的体系下工作的，团队的成员既包括合伙人、策略师、设计师，也包括公司的技术支持团队，如空间设计师、工业设计师、动画设计师和插画师。

华与华不支持客户挑选团队，因为我们每个团队都能做不同行业的项目，并且都有不同项目的咨询经验。同时，**每周一华与华都会召开由首席知胜官华杉领头的品控知胜会，会对所有准备提案和出街的项目进行审核、指导和品质把控。**

因为华杉先生要亲自把控公司所有项目的出品质量，所以他只能集中在公司办公室工作，难以分配时间到其他城市出差。因为在公司可以服务所有客户，而出差往往两天时间只能服务一个客户。

另外，华杉先生的时间属于已经付款合作的现有客户，对他们才负有义务，所以也就难以分配时间接待洽谈中的新客户。

请各位老板谅解！

8　合同签订的流程是什么？

（合同中哪些内容是可以修改的？签约多久后华与华会正式开始工作？）

华与华营销咨询服务合同的签订流程有两种，分为"15天标准商务签约流程"和"3天特快商务签约流程"。

"15天标准商务签约流程"预计需要15天，之后双方将正式启动项目。这15天里，包括了商务洽谈、标准合同版本确认、发送电子发票、支付首期服务款和项目启动会，一共5个关键动作。

"3天特快商务签约流程"预计需要3天，之后双方将正式启动项目。这3天里，包括了商务洽谈、标准合同版本确认、发送电子发票、支付首期服务款和项目启动会，一共5个关键动作。

以上两种签约方式，都是在第一期服务费到账后，就可以正式召开项目启动会，全员进入工作阶段！

① 双方面谈后，确认合作。
② 华与华发送标准合同。
③ 客户及华与华共同确认合同版本，并签章。
④ 华与华开具增值税发票。
⑤ 客户在合同规定时间内打款。
⑥ 召开项目启动会，正式进入工作流程。

（↓详情见下图：15天标准商务签约流程、3天特快商务签约流程）

15天标准商务签约流程

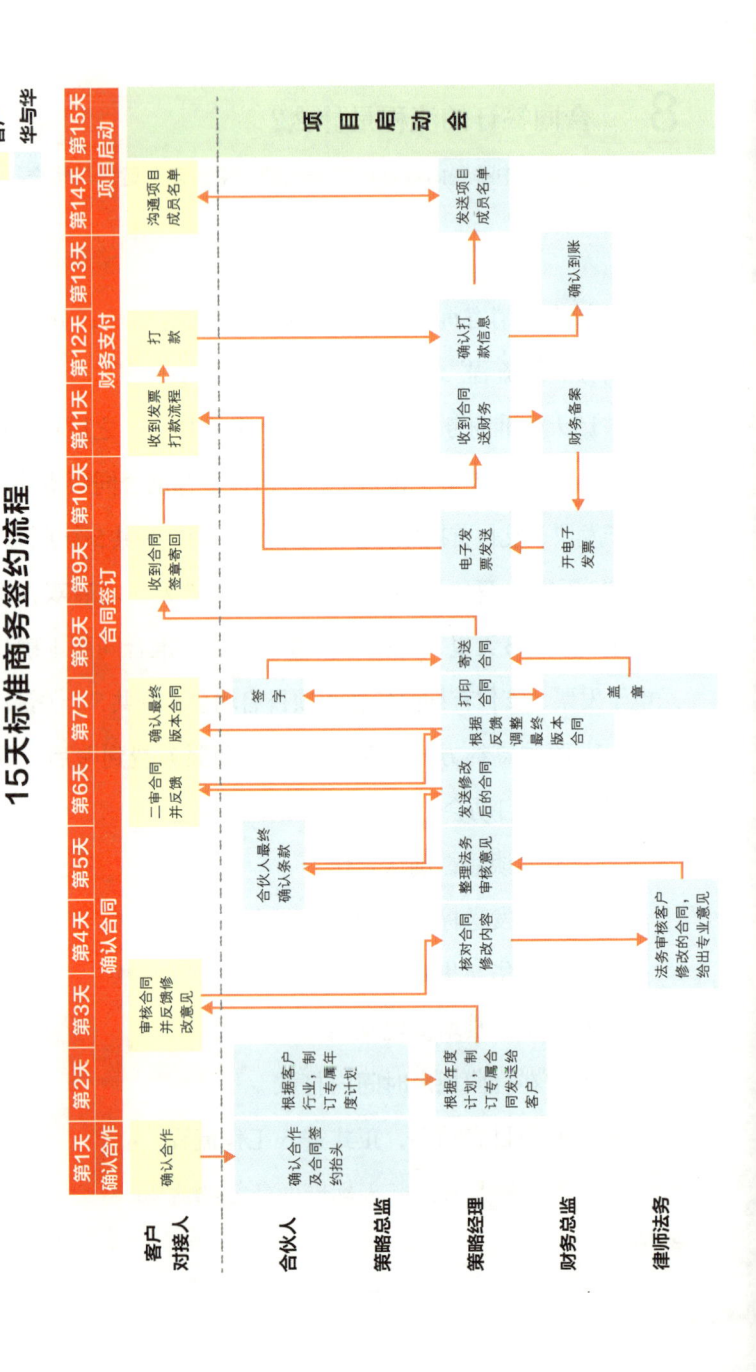

	第1天	第2天	第3天	第4天	第5天	第6天	第7天	第8天	第9天	第10天	第11天	第12天	第13天	第14天	第15天
	确认合作			确认合同				合同签订			收到发票 打款流程	财务支付			项目启动

图例：■ 客户　■ 华与华

客户对接人：确认合作

合伙人：确认合作及合同签约洽头 → 根据客户行业、制订专属年度计划 → 审核合同并反馈修改意见 → 二审合同并反馈意见 → 确认最终版本合同 → 合伙人最终确认条款 → 收到合同签章寄回

策略总监：根据年度计划，制订专属合同发送给客户

策略经理：核对合同修改内容 → 整理法务审核意见 → 发送修改后的合同 → 根据反馈调整最终版本合同 → 打印合同 → 签字 → 寄送合同 → 电子发票发送 → 收到合同送财务 → 确认打款信息 → 沟通项目成员名单 → 发送项目成员名单

财务总监：开电子发票 → 财务备案 → 打款 → 确认到账

律师法务：法务审核客户修改的合同，给出专业意见　盖章

044

3天特快商务签约流程

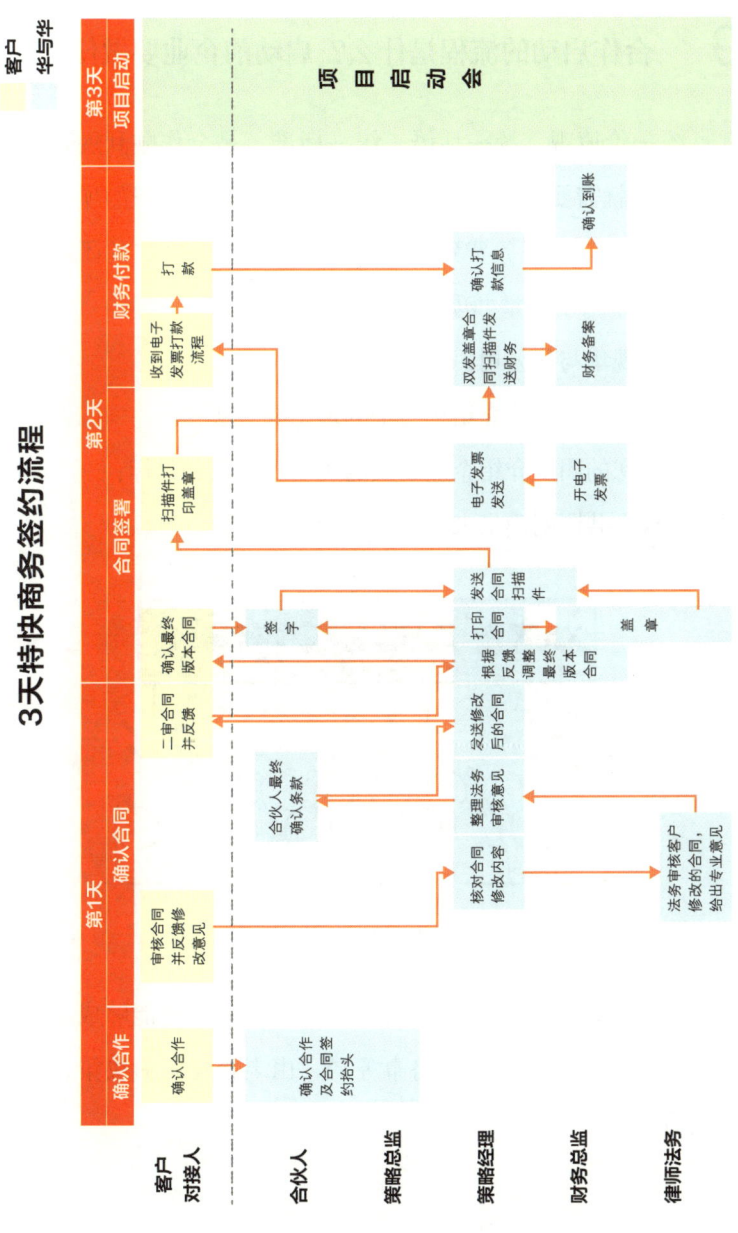

■ 客户
■ 华与华

	第1天		第2天		第3天
确认合作	确认合同		合同签署	财务付款	项目启动

客户对接人：确认合作 → 审核合同并反馈修改意见 → 二审合同并反馈 → 确认最终版本合同 → 签字 → 收到电子发票打款流程 → 打款 → 确认到账

合伙人：确认合作及合同签约抬头 → 合伙人最终确认条款

策略总监：核对合同修改内容 → 整理法务审核意见 → 发送修改后的合同 → 根据反馈调整最终版本合同 → 打印合同 → 发送扫描件 → 盖章 → 扫描打印盖章 → 双发盖章合同扫描件发送财务

策略经理：（流程节点）

财务总监：电子发票发送 → 开电子发票 → 财务备案 → 确认打款信息

律师法务：法务审核客户修改的合同，给出专业意见

项目启动会

045

9 合作启动的流程是什么？启动前企业要做什么？

统一价值观、统一话语、统一标准，是合作顺利展开的第一步，这就需要举办双方高层共同参与、达成共识的项目启动会。合同签订、服务费到账后，华与华将邀请客户的团队核心成员到访华与华，举办项目启动会：

· 参观华与华公司；
· 由华与华团队介绍华与华的理念和方法；
· 由您的团队介绍企业发展的历史、现状和目标；
· 双方共同明确未来工作方向和工作任务。

· 邀请客户的团队核心成员到访华与华

我们真诚希望在项目正式启动前，您的企业能够成立与我们对接工作的专项品牌战略事务局，由老板挂帅做决策，以推动之后的工作。

第三章

项目推进11问

1 项目一旦开展,需要您的企业参与哪些工作?

在第一个季度的工作中,**企业寻宝**是华与华项目团队工作的重心。

·企业寻宝

学习理解客户的业务,关键在"企业寻宝",也就是在企业发展的历史中去寻宝。所以我们需要了解企业创始人的初心、情怀和愿景;梳理企业发展中的关键点,看看企业历史上做对了哪些事,又有哪些欠缺;最后盘点企业积累下来的品牌资产。

需要企业参与的具体工作内容包括：

- 详细提供华与华项目团队研究所需的企业资料，包括：企业发展史、行业发展史、企业营销4P等资料；

- 接受华与华项目团队主持的企业高层访谈；

- 企业的品牌负责人和华与华项目团队一起走访渠道（终端），进行售点调研；

- 如需开展消费者定性访谈，企业需要与华与华团队、第三方定性调研公司一同协作推进。

2 华与华团队内部如何分工，又是如何与企业保持顺畅沟通的？

华与华的作业团队在一个一专多能、全攻全守的体系下工作，团队内的每一个人都将全程参与客户调研、策略、创意、文案、设计、制作的全部工作。

我们建议企业内部组建品牌战略事务局，由企业一把手牵头挂帅，代表企业的最终修改意见或确认意见。在企业内部应指定一人作为项目对接人，负责沟通协调双方工作，为品牌咨询服务工作的开展和决策提供及时、有效、准确的信息资料。

双方"伙伴式"的通力合作：

· 华与华：董事合伙人智库指导下的项目组。

· 企业：品牌战略事务局，其中一位主要对接人进行日常工作对接。

企业工作组：企业的战略级市场营销部门。

企业对接人：指定一人为主要对接联络人，协调内部资源，统筹安排工作。

每个客户都有固定的服务团队为其服务，其组成结构如下图所示：

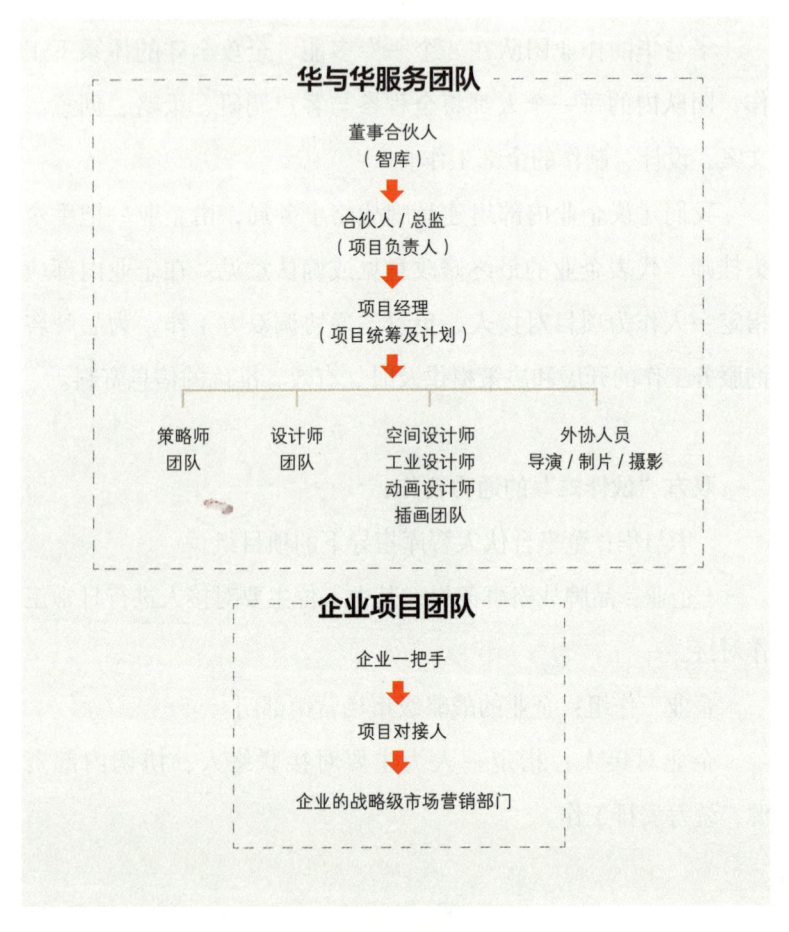

```
┌─────────────── 华与华服务团队 ───────────────┐
│                                              │
│               董事合伙人                      │
│               （智库）                        │
│                  ↓                           │
│              合伙人 / 总监                    │
│              （项目负责人）                   │
│                  ↓                           │
│               项目经理                        │
│            （项目统筹及计划）                  │
│                  ↓                           │
│    ┌──────┬──────┬──────────┬──────┐        │
│   策略师  设计师  空间设计师   外协人员      │
│   团队    团队   工业设计师   导演/制片/摄影  │
│                 动画设计师                    │
│                 插画团队                      │
└──────────────────────────────────────────────┘

┌─────────────── 企业项目团队 ────────────────┐
│                                              │
│               企业一把手                      │
│                  ↓                           │
│               项目对接人                      │
│                  ↓                           │
│         企业的战略级市场营销部门              │
└──────────────────────────────────────────────┘
```

· 双方团队结构图

3　华与华课题循环工作法，以确保一次做对

运用"松浦九条"能够减少工作当中的废动作，提高全员的时间利用率。这套循环工作法是华与华在营销实践中收获的行之有效的方法。课题循环工作法是华与华与客户长期合作并持续创造价值的关键，**不搞错课题和能提出正确的新课题**是华与华方法的重大战略价值。

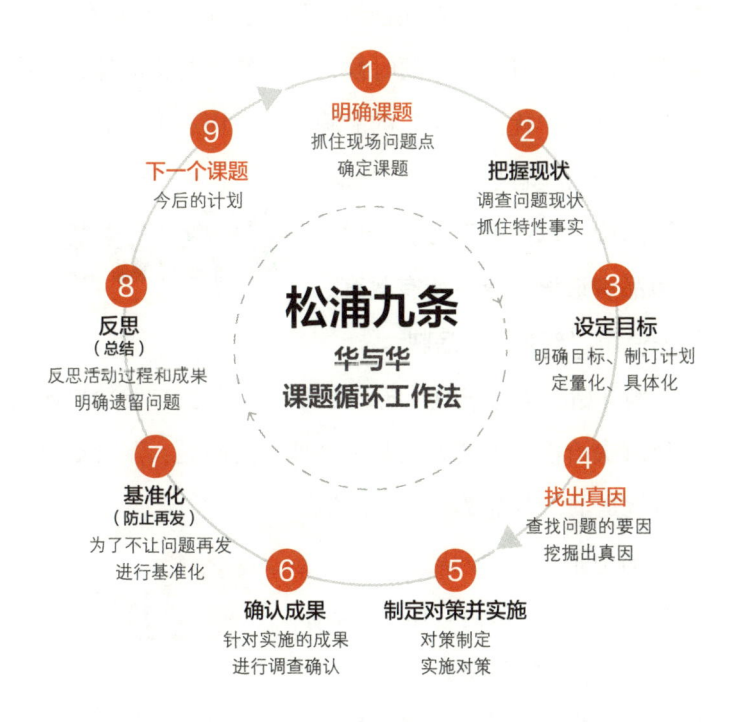

1 明确课题
抓住现场问题点
确定课题

2 把握现状
调查问题现状
抓住特性事实

3 设定目标
明确目标、制订计划
定量化、具体化

4 找出真因
查找问题的要因
挖掘出真因

5 制定对策并实施
对策制定
实施对策

6 确认成果
针对实施的成果
进行调查确认

7 基准化（防止再发）
为了不让问题再发
进行基准化

8 反思（总结）
反思活动过程和成果
明确遗留问题

9 下一个课题
今后的计划

松浦九条
华与华
课题循环工作法

详细实施步骤请见本书第174—176页。

比如，<u>西贝</u>开始找华与华的时候，因为前两次"定位"不成功，客户提出的需求是"第三次定位"，这就是一个工作课题。那么，华与华首先做的，就是重新评估这个课题：西贝的问题，是不是通过制定一个消费者心智定位，然后去"执行"，去宣传，就解决了？我们以重新确定品牌和营销4P为课题，用"I❤莜"的新品牌形象和产品创新，开启了西贝的新时代。

<u>新东方</u>在找华与华合作的时候，委托给华与华的课题是旗下中学教育品牌"优能中学"的品牌战略，而三个月后华与华的第一次提案，就建议取消"优能中学"品牌，以"新东方，老师好！"为品牌谚语，**旗下所有教育品牌统一使用"新东方"品牌。**

<u>洽洽</u>刚开始找华与华的时候，提出一个课题："洽洽要做坚果，如何解决洽洽在消费者认知中是瓜子的问题？"洽洽要做坚果，做就是了，不需要解决"洽洽在消费者认知中是瓜子的问题"，因为这个问题根本不存在。假使它存在，那做了坚果后这个问题就解决了。

华与华以营销4P为课题来开展洽洽的工作，而且**将包装策划设计作为战略重心和决胜点，最后取得成功。**

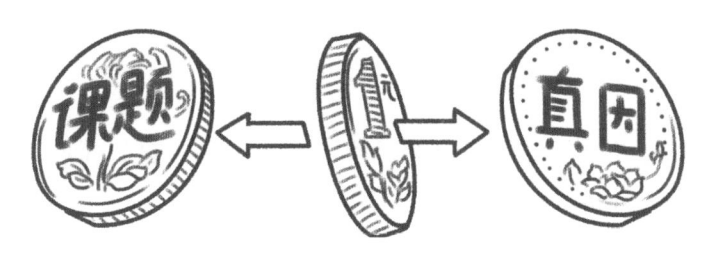

· "课题真因"硬币

"课题"和"真因"是一对,是一枚硬币的两面,找到真因才能确立正确课题。如果不成功,不成功的真因是什么?如果成功,成功的真因又是什么?人们往往过度总结,但是无论失败或者成功,都找不到真因,又继续盲动下去。华与华与客户的合作,就是**抓住课题和真因这两个关键,**确立课题,找到真因,制定对策,解决课题,形成资产,再确立下一个课题,如此循环往复,这就是PDCA循环,就是我们为客户终身服务的工作原理。

4　华与华如何安排第一阶段的工作？

每一次华与华服务新客户的第一阶段工作过程，都是华与华工作原理的完整体现。

华与华的工作原理，主要有如下两条。

第一条，学习客户的业务，理解客户的业务，然后重新想象、重新设计客户的业务。比如360，就是重新设计了互联网安全的业务；葵花药业，则是重新设计了儿童药业务。

第二条，用超级符号的方法，降低企业品牌营销传播的成本，帮助企业建立并高效积累品牌资产。

合作开始后，我们会学习、理解客户的业务，而这个关键就在于企业寻宝。成功企业的资产，往往在它的历史里，所以需要寻找、发现、继承和发扬。在企业寻宝的同时，项目组内部也会同步开展创意工作，实现工作的并行。

企业寻宝的工作告一段落后，我们将运用华与华战略方法，明确企业要解决的社会问题、经营使命和企业战略，并对客户业务进行新的想象和设计。我们还会对企业已有的品牌资产进行"盘点"，遵循品牌资产观，提出企业的品牌策略和品牌核心创意。

用创意降低营销传播成本、积累品牌资产就是华与华的看家本领，我们说"超级符号就是超级创意"，超级符号方案能否一战而定，能否实现对企业战略的"引爆"，就靠华与华方法的创意套路。

创意的工作是"手艺活",而手艺全靠时间打磨,靠不断地精益求精,所以第一阶段的大把时间也就花在了这里。

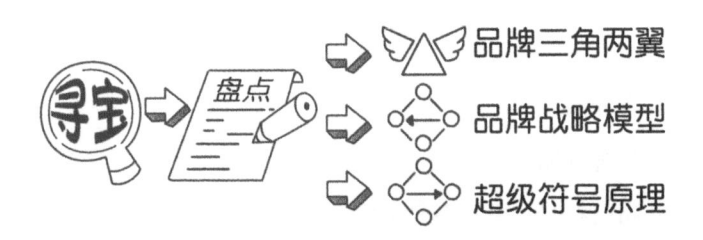

寻宝 → 盘点 → 品牌三角两翼
　　　　　　 → 品牌战略模型
　　　　　　 → 超级符号原理

因此特别提示您:在第一阶段,您需要耐心等待,不给我们增派新的工作。有的企业心急,签了合同就恨不得派一大堆活儿过来,影响了真正有价值的战略策划。派的活儿越多,得到的价值越小。

第一季度不接新活

5 合作第一阶段的提报内容有哪些？

在签约之后，华与华的项目团队将集中开展调研和创作工作，在第三个月至第四个月，向您首次提报我们的工作成果。

提报的内容主要包括以下五项[1]：

① 企业战略；

② 品牌战略及品牌命名；

③ 超级符号、品牌谚语；

④ 核心产品策略及产品命名；

⑤ 核心广告创意。

---

1 内容根据企业特点和行业属性会有所调整。

H: 华与华
A: 客户

华与华第一阶段工作计划明细

第1个月

签合同 + 付款

H&A: 项目启动会

H: 内部预判会

H&A: 双方启动会
1. 信息全面对称
2. 工作对接安排
3. 工作任务明确
4. 双方战略预判
启动会总结

H&A: 调研寻宝行动

H&A: 桌面研究	H&A: 现场研究
内部资料共享 全球行业历史 典型案例研究 竞品案例研究 产品结构梳理 客户需求洞察 营销模式研究	公司高层深访 区域市场走访 目标客户深访 销售渠道观察

验证预判，找参考和启发

H: 方案撰写（企业战略、品牌战略、调研报告）

第1个月例会：确定命名，梳理思路，互通有无

第2个月

签合同 + 付款

H: 创意创作

H: 梳理总结，创意创作

核心视觉&核心话语
超级符号+花边战略
品牌谚语+话语体系

设计启动会

渠道优化及传播策略
渠道支持策略
传播策略创意

H: 方案撰写（符号、话语、策略）

第2个月例会：沟通思路，互通有无

第3—4个月

H: 核心设计

H: 物料梳理与设计

企业办公重点物料
品牌画册
拳头产品包装
拳头产品海报
终端传播物料
其他核心物料
……

H: 方案完稿与优化

第3—4个月：方案提报

注：以上计划需根据企业实际情况调整，一企一策、一客一议，给客户需要的，而不是想要的。不可作为工作计划进行法律追踪。

6 后续的工作有哪些？

第一阶段合作为持续服务打下基础，后续的工作将围绕第一阶段的总纲与您一起共同完善方案并落地执行。华与华认为：没有策略，战略等于0；没有创意，策略等于0；没有手艺，创意等于0；没有执行到位，一切等于0。

重点工作包括以下五项：

① 提案优化及落地执行；

② 品牌核心创意执行，例如产品包装、电视广告等；

③ 终端生动化物料设计，例如终端物料、陈列道具、展览设计等；

④ 企业形象视觉设计：符号系统[1]；

⑤ 新产品开发。

---

1 我们不用VI，也不用"VI规范"这样的词，每一项都是单独设计。

序号		咨询服务内容	主要成果物
第1年	1	**三角两翼品牌战略：**品牌核心概念与价值提炼、超级符号、品牌谚语、产品结构、话语体系、符号系统的构建与创作	通过超级符号、品牌谚语、产品结构、话语体系、符号系统降低品牌传播成本、奠基品牌资产	品牌符号系统、品牌谚语及话语体系
	2	**元媒体战略及全面媒体化：**元媒体开发	开发元媒体、在元媒体上建立品牌、降低传播成本、掌握流量主权、提升品牌传播效率、提升知名度、提升购买决策效率	主要产品的包装设计、招牌设计、终端生动化、门店空间设计（另外计费）
	3	**持续改善：**销售现场的持续改善、顾客旅程的持续改善	提升销售额、提升转化率、员工得到成长、启蒙改善意识、激发企业掌握持续改善技术	改善终端物料设计、改善教学视频、标准化执行手册
	4	**品牌传播策略及广告创意：**平面广告创意、视频广告创意	实现流量越狱、建立流量主权、积累品牌资产、建立品牌位势、提升品牌知名度、达到播传效果、提升传播效率	广告片创意脚本、广告片成片监理、核心创意的平面设计、电商视频广告创意脚本、产品代言人拍摄监理、品牌歌曲创意、企业宣传片创意
第2—3年	5	**内部路演及教练：**全国重点市场巡回培训	打通战略到执行，统一目标、上下同欲，降低内部沟通成本、让员工得到成长、提升执行效率、保障执行效果，现场下单、终身陪伴	宣贯会方案、宣贯培训课、样板店方案、宣贯道场设计、现场演练指导、标准化手册
	6	**营销日历：**年度营销主题规划及固化	通过有意识规划不断尝试，从优胜劣汰中积累出固定的营销节点，使企业内部及外部顾客形成品牌生物钟，跟随同样的节拍起舞，不断重复做同样的事，精益求精，汇聚社会资源，实现生产力和品牌文化的领先	活动主题、口号、符号、画面、标准化执行、评分手册及营销日历复盘
	7	**企业战略洞察：**企业战略菱形模型、年度战略重心会	乙方通过甲方年度战略重心会，运用企业战略菱形模型，重新想象企业战略蓝图，实现新的业务版图，为企业家拓宽经营思路、规划新的战略路径	企业战略菱形模型图、战略重心研讨会
第4—5年	8	**产品结构及新产品开发：**围棋模型路线规划、新产品开发	通过产品结构梳理及产品路线规划，提升产品开发决策效率、提升新品开发成功率、提升营销资源使用效率、明确新品推出的次序及节奏、提升企业资源配置效率	事业领域及产品结构图、围棋模型图、产品开发建议案
	9	**公关及公益战略：**价值之轮与品牌积德	悦近来远、求仁得仁，为企业定心、为品牌积德、代表先进文化、代表先进生产力、成为行业首席知识官、成为社会贤达、成为社会公器	公关产品开发、公益产品开发、价值之轮图
其他项目	10	根据具体工作进度安排及企业实际现状，在服务期内选择使用或部分使用上述模块。以上服务模块不包含微信、微博等自媒体运营。所涉及电视广告拍摄、平面摄影、印刷、打样、模特聘用、版权购买（包括字体、音乐、图片、视频）、空间设计及可能需专业调研公司支持的调研执行项目等具体内容及费用，双方需另行协商签约，或由甲方直接与第三方签约，但乙方有义务协助甲方进行项目推进，执行质量监控	

· 五年计划咨询服务内容与主要成果物

注：以上计划需根据企业实际情况调整，一企一策、一客一议，给客户需要的，而不是想要的。不可作为工作计划进行法律追踪。

061

7　在合作中如何修正工作计划？

华与华制订工作计划，都会围绕每个项目每一年度的"**战略目标、战略重心、决胜点、关键动作、时间节点**"来规划。

如果在项目推进的过程中出现战略目标和战略重心上的调整，就需要双方通过沟通确认调整的必要性。确定需要改动的内容后，我们将重新调整工作计划，梳理新的关键动作和时间节点。

每当遇到客户提出新创意，我们都会根据品牌资产观来判断新创意是否有利于品牌资产的持续积累。如果出现了能够积累品牌资产的新创意、新动作，这些工作也会更新体现在我们的工作计划中。

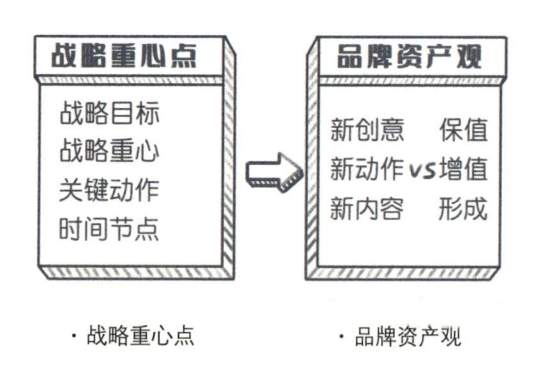

战略重心点	品牌资产观
战略目标 战略重心 关键动作 时间节点	新创意　　保值 新动作 vs 增值 新内容　　形成

·战略重心点　　　　·品牌资产观

8 华与华怎么做市场调研和消费者调研?

华与华方法认为要"少调研",调研之前要做好研究和预判,再通过调研证实或打消假设。不要盲目开始调研,特别是不要把调研的目的看成只是获得一份调研报告。

华与华的调研是为了**找参考、找启发,不是找依据**。调研的时候也应该充分思考,不然就是在浪费时间。

· 找参考　　　　· 找启发　　　　· 不是找依据

另外,很重要的一点是,华与华方法中也强调过很多次,调研不是一天跑很多地方,而是要在一家店深入了解,最好的方法是在一家店待一天,在这里了解消费者的故事,了解这个故事里的时间、地点、人物、过程和情绪。因为对产品的策划、对营销的策划,就是编写消费故事的剧本。如果脑子里面没有故事,只有数据,那就什么都做不了。因此,在消费者调研中，我们采取定性调研的方式，目的是研究消费者行为。我们最常用、最有效的方法有两种：一是售点观察，二是焦点座谈会。

售点观察是不间断地观察和记录店内全天所有消费者的行为，取得全部数据，并通过消费者行为观察和现场访谈寻找消费者行为依据和购买理由。售点观察通常又结合华与华的两项活动，一是策略师、设计师直接做售货员、促销员或服务员工作，直接和顾客沟通；二是开展持续改善活动，改善门店销售。

·售点观察

焦点座谈会是指针对消费者的小组座谈会。华与华设计的消费者座谈会有以下四个关键点。

① 调研消费者之间现有的传播行为，也就是找消费者的"原话"；

② 调研消费者的消费知识和消费观念，以及在此基础上形

成的"认知",我们常说重要的不是事实,而是消费者的认知,因为这是你跟他沟通的基础;

③ 不需要问消费者思考和总结的问题,只需要他回忆场景,不要让他帮你总结;

④ 调研消费者如何使用我们的产品,对于产品开发和广告策略,都是有巨大价值的。

·焦点座谈会

9　华与华会做媒介投放和渠道策略吗？

华与华给您提供的是策略和核心创意，而媒介选择、媒介投放规划主要是您的资源调配。华与华不是媒介公司，所以关于媒介投放的内容我们会参与讨论，但是不会给出具体方案。我们会推荐和华与华长期合作的媒介策划和购买公司与客户配合。

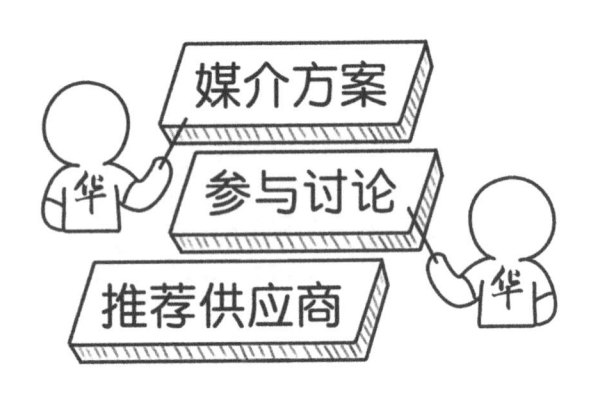

在渠道策略方面，华与华认为渠道就是要解决销售者如何替我们卖的问题，要最大限度地整合利用销售者的资源。

我们认为渠道的结构设计是企业内部的工作，不仅不同行业差别较大，而且关键不在策略而在管理执行。我们会参与渠道和终端各项品牌应用的设计和内容的创作，但是我们并不参与渠道结构本身的规划，不承担渠道工作的责任。

渠道品牌应用
渠道结构规划

另外,我们认为,制造商应该是渠道商的咨询公司,为渠道商提供管理咨询服务,我们会在这方面配合我们的客户。

10　华与华如何监督设计的完稿执行？

·设计监督流程

在设计完稿执行前，华与华会将设计方案、具体的设计说明以及标准版设计稿，甚至实际打样提供给企业，然后由企业完成最终落地执行，华与华还会在执行前帮您进行品质把控。但是，我们不参与设计完稿制作。

很多企业完稿工作量非常大，如果都放在华与华，反而浪费资源，不能让我们的设计师投入核心创意工作。

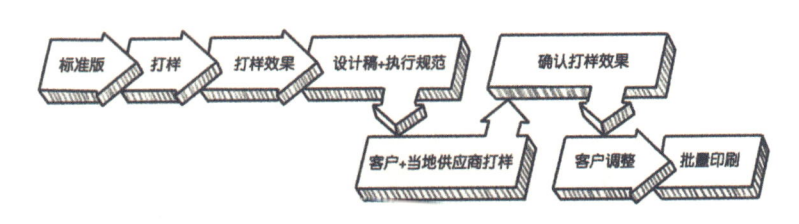

·完稿设计监督制作流程

以商品包装为例：

商品包装设计
① 华与华先做出一个标准版，做到可印刷的程度，交给我们的供应商先打样；
② 华与华把打样的样品确认后，将标准版本设计稿和执行规范交给企业；
③ 企业再找当地供应商打样；
④ 华与华确认企业打样的样品没问题后，就可以批量生产印刷了。

11 当工作中大家的判断不一致的时候，应该如何解决？

首先，需要大家明确华与华在策略上的判断准绳：始终服务于最终目的，随时回到原点思考。在明确了企业经营的最终目的之后，我们所有的策略都会基于这个最终目的去思考、去执行，并会排除一切偏离这个准绳的废动作。

其次，华与华始终坚持为客户负责的原则，要做您需要的，而不是给您想要的。

最后，如果您一直坚持您的想法，我们会保留建议，并协商推进工作的执行。如果实在不能达成一致，大家接受失败，好聚好散，合作不成功本身是我们经营风险的一部分。

始终服务于**最终目的**

随时回到**原点**思考

原点 ⟷ 最终目的

第四章

华与华咨询服务的"三大承诺"和"四不原则"

1 华与华从事咨询服务的"三大承诺"

第一，我们承诺：始终坚持"不骗人、不贪心、不偷懒"的企业核心价值观。

第二，我们承诺：始终牢记"笔下有财产万千，笔下有人命关天"，坚持先有判断后有创意，绝不乱出招，不给企业添乱；不用客户的身家下自己的赌注；宁愿不作为，绝不乱作为。

第三，我们承诺：始终坚持"持续改善"的工作态度，尽心尽力，凡事彻底。

持续改善　　凡事彻底

2　华与华保障创意出品质量的"四不原则"

工作中由于双方沟通、工作安排等问题，存在频频的干扰动作，这样会影响具有战略价值的核心工作进度。所以，了解华与华对保障出品质量的工作原则，才能够让双方的合作更有成效。

1. 华与华不设分公司，在一个国家只设一个办公室
2. 不入驻企业办公

华与华只有上海总部，不设分公司，不入驻企业办公。所有的策略、创意、设计，都是在一个团队、一个系统内解决，集中办公才能发挥华与华团队整体作战的能力和实力。让所有人在一起工作，全公司项目出品会议每周一次。

3. 周一不出差

周一是华与华全员参加的项目会议，华杉主持各项目汇报和创意突破，群策群力，所以周一不安排客户会议和出差。

4. 不做完稿

华与华会提供核心创意设计及执行规范，完稿及执行需客户主导，华与华将全程参与、配合。

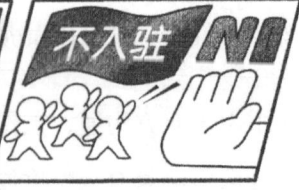

- 不设分公司

- 不入驻企业

- 周一不出差

- 不做完稿

第五章

订阅制咨询服务模式——华与华品牌五年计划

079

9大核心产品，服务企业终身成长

第1年：超级符号，持续改善

模块1：超级符号及品牌三角形

主创：超级符号、品牌谚语、品牌纹样、品牌标识、品牌角色。

共创：品牌三角形、符号系统、产品结构、命名体系、话语体系、事业理论、产品科学、企业文化。

创意超级符号与品牌谚语，传达品牌核心价值，建立品牌资产。

模块2：元媒体开发及品牌接触点管理

主创：包装设计、招牌设计、超级门店设计、终端生动化、自媒体工程、服装系统、办公系统、礼品系统、生产现场、销售道具设计、展台设计、促销台设计、端架设计、产品陈列架设计、菜单设计。

共创：电商页面设计。

督导：超级门店落地监理、设计打样落地监理、第三方公司执行监理。

开发元媒体系统，降低传播成本，加速购买决策，提升销售效率。

模块3：持续改善

主创：门店改善、终端改善、顾客旅程改善、产品改善、销售道具改善。

共创：改善标准化执行手册。

督导：改善落地监理。

通过持续改善，提升流量转化，获得用户增长和销售额增加。

模块4：年度传播策略及广告创意

主创：主视觉设计、广告片创意、品牌歌曲创意、企业宣传片创意。

共创：电商视频广告创意。

督导：产品或代言人拍摄监理、广告片拍摄监理、媒介代理机构方案及执行管理。

为企业提供平面广告、视频广告创意和传播策略，达到传播效率，建立企业流量主权，积累品牌资产。

第2—3年：营销日历管理

模块5：营销日历

主创：年度营销日历规划、主题活动策划、营销主题、口号／符号／主视觉。

共创：活动标准化执行手册。

督导：活动落地监理、第三方公司执行监理、媒介代理机构方案及执行监理。

建立营销日历，使内、外形成品牌生物钟，积累出固定的营销节拍，实现生产力和品牌文化的领先。

模块6：内部路演及营销教练

主创：超级符号训练营、品牌战略解码会、方案执行宣贯会、样板店／道场打造、方案落地复盘会。

共创：方案标准化执行手册。

督导：样板市场落地监理。

通过内部路演及营销教练，打通战略设计到落地执行，降低内部沟通成本。

模块7：企业战略洞察

主创：年度战略重心会、企业战略菱形模型、企业五个市场模型。

共创：年度目标、战略重心、关键动作。

重新想象企业战略蓝图，绘制企业战略路线图。

第4－5年：企业社会责任，社会公民品牌

模块8：产品结构及新产品开发

主创：产品围棋模型、新产品开发、命名／研发说明、包装／广告／推广、老产品翻新。

共创：新品选品决策、业务组合及产品结构规划。

督导：新品上市落地监理。

提出新产品开发的可行性方案，提升产品开发成功率。梳理产品结构、每一种产品所扮演的战略角色和承担的战略任务，以及推出的战略次序，提升企业资源配置和营销投资的效率。

模块9：公关及公益战略

主创：企业价值之轮模型、公关产品开发、公益产品开发。

共创：活动标准化执行手册。

督导：活动落地监理、公关公司方案及执行监理。

成为行业首席知识官，成为社会公器，为品牌积德，为企业定心。

注：以上计划需根据企业实际情况调整，一企一策、一客一议，给客户需要的，而不是想要的。不可作为工作计划进行法律追踪。

华与华品牌五年计划最佳案例之一·蜜雪冰城

·蜜雪冰城品牌五年计划

2018：超级符号，"雪王"诞生

2018年5月20日，蜜雪冰城与华与华签约合作

蜜雪冰城成立于1997年，是一家经营冰淇淋与茶饮的连锁品牌，拥有新鲜冰淇淋、柠檬水两大拳头产品，总部在河南郑州，2018年全国门店4500家。

为蜜雪冰城创作超级符号"雪王"

2018年8月18日,华与华为蜜雪冰城创作的超级符号,通过了首季度咨询成果决策会。超级符号以雪人为原型,手拿冰淇淋权杖,身穿披风,头戴皇冠,华与华将这一形象命名为"雪王"。

持续改善全国复制后，门店平均年营收提升30%

华与华利用持续改善这一核心技术，建立了蜜雪冰城门店8大物料系统，充分释放蜜雪冰城品牌高质平价与门店在街道货架的优势，8月提报，10月全国落地！

· 改善前菜单　　　　　　　· 改善后菜单

"雪王店招"上门店

仅仅两个月，蜜雪完成"雪王店招"样板工作，全国秋季新品物料更新，完全落地执行华与华方案。

崇拜　记忆

图腾　识别

华与华方法
品牌设计
三位一体

信号

行动

・信号　　　　・图腾、识别　　　・信号、图腾、识别

建立第一个营销日历：首届蜜雪福袋节

12月，华与华创意"蜜雪福袋节，把福带回家"，运用文化母体寄生原理，将蜜雪品牌根植于福文化，创作"福袋"活动道具，年年福袋节都要开发雪王新周边。

2019：品牌谚语，品牌歌舞

第三个拳头产品：摇摇奶昔爆火全网

蜜雪冰城研发新品摇摇奶昔，是冰淇淋与茶的创意组合，华与华为其创意产品话语与推广画面。当年摇摇奶昔爆火全网，直至今天，依然是蜜雪排名第三的拳头产品。

品牌谚语，爱的文化

2019年5月，华与华为蜜雪创意品牌谚语"你爱我，我爱你，蜜雪冰城甜蜜蜜"，也是华与华文化母体思想的运用，"你爱我""我爱你""甜蜜蜜"都是母体词组，都有文化原力。而那首著名的品牌歌曲，半年后才诞生，至于火爆全网，更是两年之后的事情了。

你爱我♥我爱你
蜜雪冰城甜蜜蜜

首届冰淇淋音乐节

2019年5月24日,首届蜜雪冰城冰淇淋音乐节在郑州奥帕拉拉水公园开幕。冰淇淋与音乐,狂欢三天三夜,自此,音乐文化注入蜜雪冰城!

夏季推广主题:果茶加冰,夏日救星

夏季是蜜雪的旺季,为推广果茶产品,华与华为蜜雪创意:果茶加冰,夏日救星,成为蜜雪继"春天是冰淇淋的季节"之后的第二个季节推广主题。

会议桌上诞生的外卖业务话语

华与华为蜜雪创意:聚会点大单,蜜雪更划算。提供大单购买理由,创意推动大单外卖业务。

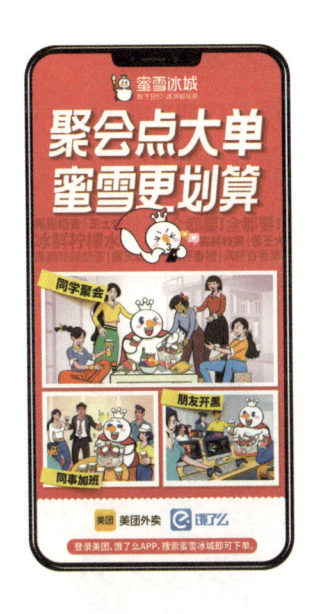

蜜雪案例入围第六届华与华百万创意大奖赛

2019年12月，蜜雪案例入围第六届华与华百万创意大奖赛，但因为服务时间尚短，华与华的贡献尚未突出，案例并未获奖。

至于实至名归，摘得百万冠军，又是两年之后的事情了。

2019年12月创作品牌歌舞片

为了推动品牌谚语在门店的应用，利用门店电视机这一元媒体，华与华启动蜜雪品牌歌舞，找到《哦，苏珊娜！》这首公版歌曲，在此基础上改编，填词"你爱我，我爱你，蜜雪冰城甜蜜蜜"，成为蜜雪的品牌歌曲，诞生了蜜雪品牌歌舞片！

陆续完成全面媒体化，包括原料包装改善、戏剧性封口膜

基于现场、现物、现实，将原物料作为元媒体，华与华重新设计蜜雪原料包装。而封口膜上"扎心了"的互动图案，则是由蜜雪品牌中心创意。

雪王周边：致力于让雪王走进千家万户

雪王盲盒：由蜜雪零售团队主创，华与华协助，先后开发了自由雪王、西游记系列、十二星座系列、水果系列等盲盒。

招财雪王：以招财猫为创意原型，华与华为蜜雪创意了招财雪王。

雪王气模：为了让雪王在门店与更多顾客互动，华与华与蜜雪共同推进雪王气模的制作，并推向全国。从此雪王活跃在大街小巷，被粉丝戏称为"街溜子"。

2020：全球门店10 000家

蜜雪集团为疫情捐款700万元

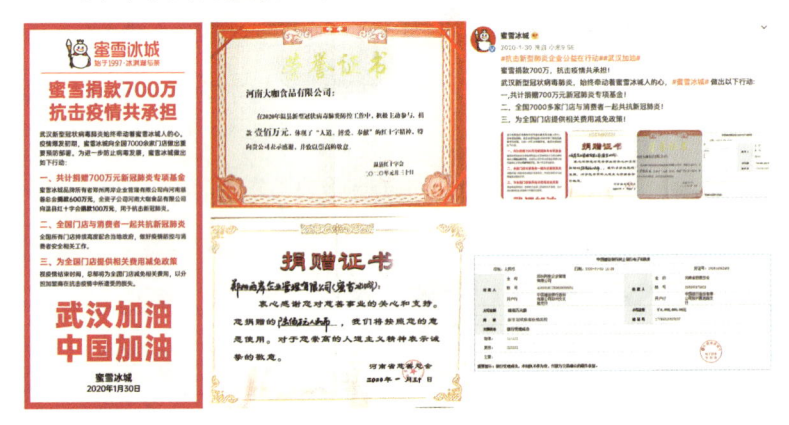

持续投资第一个营销日历：第二届蜜雪福袋节

"蜜雪福袋节，把福带回家。"

第二届蜜雪福袋节改为元旦节举行，从此固定了福袋节的日期。

建立第二个营销日历：首届蜜雪520活动

"今年520去蜜雪冰城领情侣证。"2020年5月，时隔一年，首届蜜雪520活动在全国门店执行落地！情侣证寄生在"结婚证"母体，爱情成为蜜雪的品牌文化！雪王也拥有了女友"雪妹"，首届520活动给超39万名顾客带来了爱的甜蜜体验，颁发电子情侣证34万张！

建立第三个营销日历：第一届雪王杯创意大赛

11月，华与华为蜜雪创意第三个营销日历：百变雪王，创意大赏！用与顾客接触时间最长的媒介饮品杯作为活动道具，掀起全民玩转雪王的热潮，自此建立起雪王全年的营销日历！

2021：时间是最大的奇迹，一切都是时间的奇迹

雪王商贸与雪王魔法铺

雪王魔法铺正式成立：2020年8月，蜜雪正式成立雪王商贸有限公司，独立操盘雪王魔法铺业务。全国蜜雪门店陆续开始售卖零售产品，并陆续覆盖各大电商平台。

华与华和魔法铺团队，于2020年陆续开发雪王系列毛绒玩偶、零售茶盒、袋泡咖啡等零售产品。

产品开发引导会

华与华用引导会的形式,与蜜雪伙伴群策群力,从成功产品画像、成功产品案例、产品上新流程等,达成蜜雪产品开发战略共识决策。

第一部产品科学片:雪王寻真之旅 —— 柠檬片

为输出蜜雪的"高质平价"理念,蜜雪在产品研发上的投资深入原产地。华与华与蜜雪团队共同策划拍摄食材片系列,在中国柠檬之都安岳拍摄第一部产品科学片,被网友誉为"舌尖上的蜜雪"。

时隔2年，品牌歌舞火爆全网

蜜雪的品牌歌曲创作于2019年12月，2020年4月在门店播放，循环播放1年后，2021年6月从B站、抖音火出了圈，网友自主发起二次创作，诞生了14个国家、20多种语言的版本，全网播放超600亿次！

加速海外布局：品牌色确认为100%中国红

随着蜜雪在海外门店的迅速开拓，为便于品牌的标准化落地，华与华与蜜雪决议将品牌色微调为100%中国红。

```
PANTONE 185C

C0 M100 Y100 K0
Web E60012
```

100个雪王巡展100天

蜜雪品牌中心组织策划100个雪王100天巡展活动，所到之处，收获众多粉丝。

第二部产品科学片：雪王寻真之旅 —— 咖啡片

建立产品营销日历：创意秋冬季节主题"奶茶在手，天冷不抖"

寄生于"天冷"这一文化母体，华与华为蜜雪秋冬季节的销售创意了"奶茶在手，天冷不抖"主题，促进冬季奶茶销售。

持续投资营销日历

·第三届蜜雪福袋节

·第二届蜜雪520活动

·第二届雪王杯创意大赛

雪王城堡旗舰店

　　2020年1月,华与华提出要打造"雪王城堡"旗舰店,成为品牌地标,融合雪王零售、雪王乐园、产品研发等综合功能。时隔1年,雪王城堡在郑州国贸中心360广场落成!

堆雪人大赛

在蜜雪官方引导下，全网兴起堆雪人大赛，网友们堆雪人时，开始按雪王的样子堆，说明雪王已经逐步融入人们的生活，成为人类的风俗。

蜜雪冰城案例是华与华文化母体四部曲的最佳实践：寻找母体、回到母体、成为母体、壮大母体。堆雪人现象就在全球壮大了雪人文化，壮大了雪人母体。

2021年7月,蜜雪在郑州"7·20"特大暴雨灾害中积极组织自救并捐款2600万元

品牌中心开始全面运营"雪王社交账号"

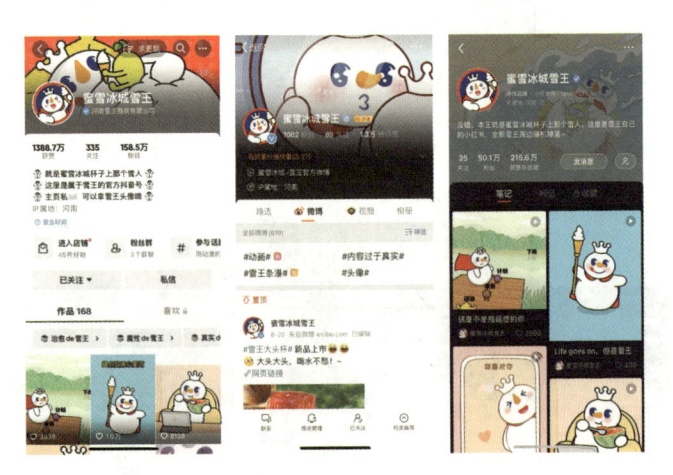

创意"雪王乐队":不断投资、增值蜜雪的音乐文化

孵化瓶装水业务:创意雪王爱喝水与雪王霸汽

为雪王爱喝水设计瓶型与包装,创意"每天八杯水,雪王爱喝水"话语。

为雪王霸汽设计包装,创意"霸汽一开,气场全开"话语。

荣获第八届华与华百万创意大奖赛第一名

2022：全球品牌，世界公民

蜜雪冰城品牌中心创意策划:"雪王黑化事件"

由蜜雪品牌中心创意，为提升桑葚新品销量，结合河南持续高温，将雪王皮肤变黑并寓意为"黑雪王"。一夜之间更换所有平台头像为"黑雪王"，登上微博热搜榜第一名，引发了网友各种猜测和讨论，后续官方将黑雪王气模制作出来在门店前活动，并回应是"去摘桑葚晒黑的"，当月桑葚果茶大卖。

雪王出道4周年，品牌歌舞片重磅升级

华与华创意雪王出道周年活动，并翻新品牌歌舞片，打造雪王梦工厂。升级版主题曲融入交响乐，全网热播，"雪王城堡"首次亮相，"城堡艺术家乐队"魔性演奏，被网友戏称看到了"雪王大婚"现场。

第三部产品科学片：雪王寻真之旅——茶叶片

年年增值活动营销日历与产品营销日历

第四届蜜雪福袋节：嫁接"春联"母体，打造迷你小对联，壮大春节春联福文化。

第三届蜜雪520活动：嫁接"领证台"母体，大店提供拍照打卡装置，纸质情侣证共发放613万本，活动期间交易同比增长52%，引发行业模仿潮。

第三届雪王杯创意大赛：活动期间735 195名蜜粉儿（蜜雪

冰城粉丝的昵称）在线围观，累计参赛作品14 000多份！

哈尔滨大雪王雪雕

第24届中国·哈尔滨国际冰雪节，"5米高大雪王"现身哈尔滨中央大街，成为蜜粉儿打卡地！

启动机场、高铁站等高势能门店

门店由加盟商运营，总部直接补贴加盟商，不让加盟商吃亏。

雪王魔法铺持续开发了吨吨桶、"提头来见"、磕头雪王等网红爆款

雪王抓娃娃机陆续落地门店

华与华提出，用娃娃机形式售卖雪王周边，娃娃机逐步在全国落地1700台！

全球门店突破2万家，在海外11个国家拥有门店超2000家

蜜雪冰城加快国际市场布局，在越南、印度尼西亚、新加坡、马来西亚、老挝、柬埔寨、菲律宾、泰国、日本、韩国、澳大利亚等11个国家拥有门店超2000家！

从郑州到亚洲，从小镇到全球，蜜雪冰城加快全球征程……

华与华订阅制咨询服务模式最佳实践之一·西贝十周年时光

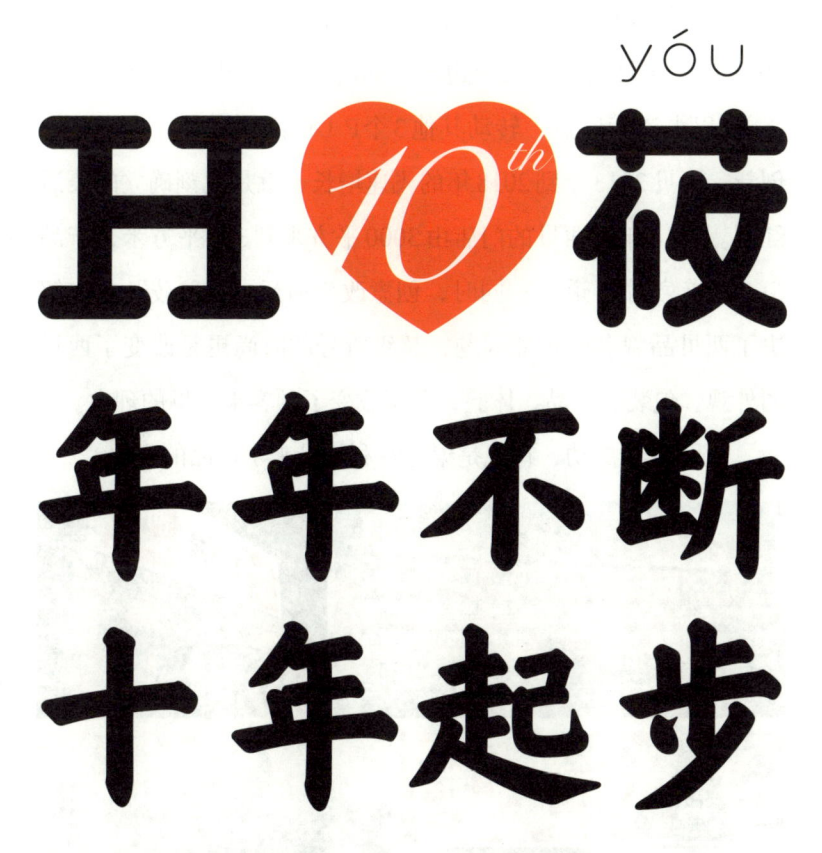

H♡莜
10th
yóu

年年不断
十年起步

华与华订阅制咨询服务模式

"订单式咨询"不成立，华与华开创"订阅制咨询服务模式"

2013：不是定位，是4P重塑

超级符号，品牌定型

西贝的成功是4P的成功，4P是营销的全部与全部的营销。2013年，西贝的渠道从街边转向shopping mall（大型购物中心），以渠道为原点，转动其他3个P（产品、价格、推广）的创新，西贝2013年到2018年的飞速增长，就是此刻确立的渠道红利。2014年，西贝的门店由3000平方米到300平方米，产品由130道菜到33道菜；同时，创意改变命运，"I♥莜"首先解决了西贝品牌名的传播问题，超级符号的时尚更是改变了西贝的外观、包装、产品、体验，乃至改变了顾客来西贝的理由。

西贝的4P成功，首先是渠道红利，带来了产品的变化。

· 关键是创意！"I♥莜"一举奠定西贝品牌资产

· 西贝莜面村，走进联合国，"I♥莜"高调亮相，提升品牌势能

2014：借势"舌尖"，张爷爷挂面成行业爆品

产品开发，品牌资产

2014年，西贝莜面村推出明厨亮灶、小而美的三代店。华与华提出品牌资产观，重新定义"舌尖"命题，经营产品品牌。借势"舌尖"，打造超级单品张爷爷手工空心挂面，成为2014年餐饮行业的热门话题。

2014年，西贝创新出三代店，成为西贝再次裂变、快速发展的推动器！

张爷爷空心挂面

原汁原味陕北名小吃（黄馍馍）

- 张爷爷空心挂面，1年卖出1个亿，是2014年最火的一碗面
- 建立手工美食大师平台，发掘民间手工美食，传承手工美食技艺

2015：闭着眼睛点，道道都好吃

品牌谚语，战略行动

咨询的价值在于持续的过程。在一次与客户开会时，贾总提出西贝的目标是"闭着眼睛点，道道都好吃"，华板当即拍板这句话成为西贝的品牌谚语。随后围绕"闭着眼睛点，道道都好吃"，西贝诞生了"不好吃不要钱""红冰箱制度"等一整套经营方略和企业行动。

西贝的品牌谚语并不是第一年就出来的，也不是华与华创作的。

- 口号就是战略，口号就是行动，口号就是资产
- 围绕口号，改编《I Love You Baby》创意TVC

2016：营销日历，从情人节亲嘴开始

凡事彻底，一以贯之

2016年，创意亲嘴打折节，把爱的文化寄生到消费者的生活场景中。亲嘴打折节连续举办8届，坚持做，重复做，最终成为西贝的品牌资产，成为餐饮行业的头牌活动。

品牌寄生让超级符号"I♥莜"寄生在2·14情人节。

凡事彻底，一以贯之，一年年持续积累为品牌资产。2016—2023年，亲嘴打折节已连续举办8届，累计近100万顾客在西贝亲嘴！

2017：家有宝贝，就吃西贝

儿童餐诞生

随着家庭顾客的涌入，提出"家有宝贝，就吃西贝"。产品端一改"成人餐小份化"的行业现状，推出第一套儿童餐，使用儿童友好的环保稻壳餐具。至于儿童餐的火爆，那是五年之后的事情了。

香椿莜面、白兰瓜、杂粮月饼，产品主题化，主题资产化，用营销日历方法把产品重新做一遍。

2018：临大事，决大疑，定大计

牛大骨决策PK赛

2018年，蒙古牛大骨上市即火爆，截至2023年8月，累计销售4300万份，创收36亿元，成为西贝第一招牌。一切都是决策，经过华板和贾总一番现场PK，贾总拍板把牛大骨作为主推，三年时间成就了西贝第一头部产品。

命名"蒙古牛大骨"，建立"搏克手"与"肉山"符号。

提出店中店策略，设计蒙古牛大骨档口。

2019：那达慕草原美食节

草原之夜

体验＞服务＞产品，为了给蒙古牛大骨营造独特的体验，华与华创意那达慕草原美食节，传播西贝品牌文化，让城市人第一次近距离体验到草原那达慕的魅力。

首届那达慕草原美食节，为蒙古牛大骨提供独特的产品体验。

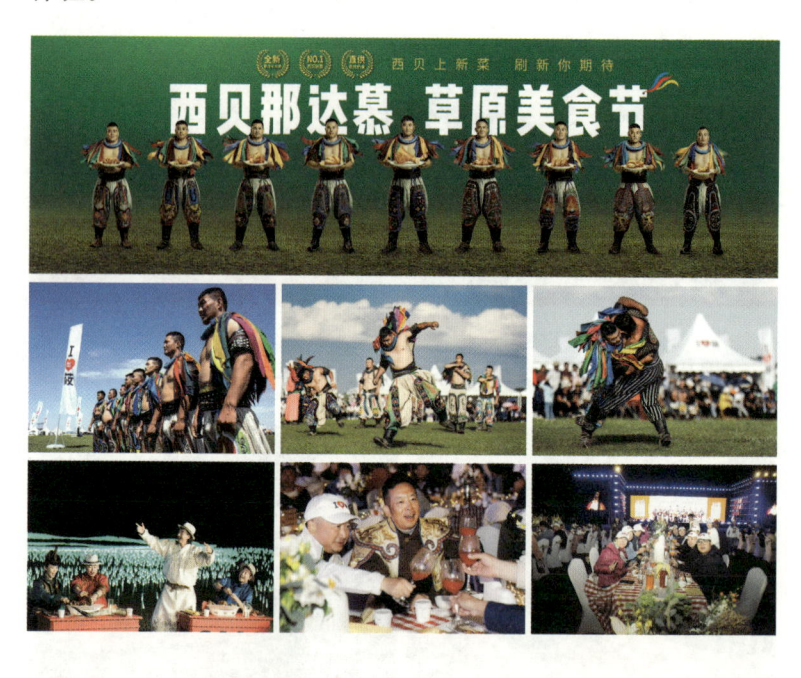

2020：万分艰难，照样给钱

2020年是餐饮行业遭受重创的一年，疫情让很多餐饮店几乎停摆。

西贝坚持按时付款，从未拖欠。

在疫情期间，升级一人食套餐，提出外卖口号"西贝外卖，值得信赖"。

爱的体验不能停，第5届亲嘴打折节，创意跨越山海，飞吻传爱。

2021：破局之战

重新转动4P，创新儿童餐

创新的利润是短暂的，西贝2013年的创新红利，仅延续了五年。营销问题回归4P，我们这一次转动4P，核心是从产品出发，创新儿童餐产品、服务、体验，在推广上抓住了宝贝，成为孩子吃饭的首选餐厅！

终身服务，从娃娃抓起。儿童餐带来一年超500万人次的儿童客流，儿童餐门店营收翻倍增长。

- 为"家有宝贝，就吃西贝"创意拍摄TVC，干饭宝贝创意引爆市场
- 外卖一人食套餐大卖，2021年外卖营收达12亿元，占比24.6%

2022：儿童美食节

识字菜单，人生财富

华与华品牌文化理论，品牌要为顾客提供三大精神财富：情绪财富、知识财富、人生财富。

随着"1—12岁专业儿童餐"全套产品上市，转动词语的魔方，占领"儿童"和"美食节"两大母体，创意"庆六一，西贝儿童美食节"营销日历。

创意全球首本儿童识字菜单，把孩子人生第一次自己点菜留在西贝，成为孩子的知识财富乃至人生财富。

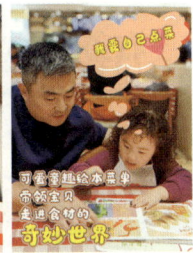

开拓儿童餐零售业务，揭出"西贝儿童餐，好吃带回家"的购买理由，持续产品开发。

2023：再创新高

健康抓关键，主食吃莜面

创意"健康抓关键，主食吃莜面"口号，门店打造莜面档口，推广莜面文化，让莜面重新代表西贝。2023年上半年，西贝再创收入和利润新高。

门店打造莜面档口，莜面妹现场搓莜面。

华与华首个运用AI创作的IP，成为西贝儿童餐的形象代言人。

药不能停，药不能换，药量不能减

　　超级符号、品牌定型、持续改善、营销日历、产品开发、传播推广、营销教练、品牌公民……围绕华与华品牌五年计划，服务西贝持续十年的品牌管理。品牌五年计划，每一年都是第一年。华与华服务西贝十年，从2013年到2019年，西贝实现营收由16亿元到62亿元的增长。2020年到2022年，经过三年疫情的艰难，2023年1月至8月，西贝再创收入和利润新高。经历品牌黄金十年，华与华见证西贝从地方菜品牌到中式正餐领先品牌。

华与华重新发明了咨询业，开创订阅制咨询服务模式。欢迎企业家们持续订阅华与华品牌五年计划，年年不断，十年起步，和华与华一起做出永续经营的超级品牌！药不能停，药不能换，药量不能减。

第六章

华与华词典

原 理

所有的事都是一件事

所有的事都是一件事,企业家要考虑所有事,只有在一个大脑,一个团队、一次成型、一次做全、一次做对,才没有脱节、没有遗漏、没有死角。

华与华=战略咨询公司+产品开发公司+广告公司,就是因为所有的事都是一件事,战略、营销、品牌、产品、广告要在一个体系里完成。

超级符号就是超级创意

超级符号是人人都能看懂,并且听它指挥的符号。将品牌嫁接超级符号,能在一夜之间,让一个新品牌成为亿万消费者的老朋友,并让他们建立品牌偏好,发动大规模购买行为。

> 所有的事都是一件事
> **超级符号**就是超级创意
> 华与华是企业的战略营销品牌终身顾问

· 华与华超级符号精选案例

企业三大定律

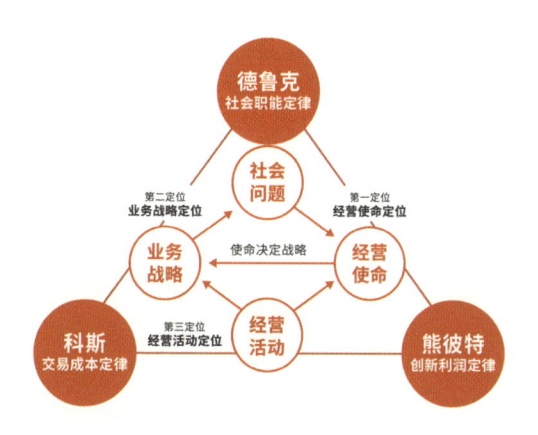

科斯：交易成本定律

企业所有工作都是降低两个成本：外部交易成本和内部交易成本。

① 企业之所以存在，是因为它降低了社会的交易成本。

② 当企业的内部交易成本大于外部交易成本时，企业的规模就停止扩张了。

德鲁克：社会职能定律

① 企业是社会的器官，为社会解决问题。一个社会问题，就是一个商业机会。

② 任何一个组织机构都是为了某种特殊目的、使命和某种特殊的社会职能而存在的。

熊彼特：创新利润定律

只有创新才有利润，创新的利润是短暂的，因为对手会学习，所以需要不断地创新。

超级符号哲学模型

·超级符号哲学模型

从文化母体提取超级符号，进行预制件拼接、组装、编织，直接安装在受众的潜意识里，一旦安装，他就无法卸载，进入他的经验秩序，相伴终生。

知觉框架

知觉框架就是"人脑处理器"，是人将知觉信息加工处理成经验的能力和逻辑。所谓大预言模型，就是模拟了知觉框架。

特点：先验性、强大的处理能力、巨大共性缺陷

经验秩序

经验秩序，是所有经验的集合和它们的排列方式。符合这个秩序的新经验容易被介入，而不符合这个秩序的经验则会被排斥。

特点：一致性、连续性、确定性、稳定性、强制性、防御性

集体潜意识

集体潜意识，荣格分析心理学用语，指人类祖先进化过程中集体经验的精神沉积物，处于人类精神的最低层，由全部本能及相关的原型组成。经由遗传获得，为人类所普遍拥有，在个体一生中从未被意识到。具有先验性、普遍性、自主性、自律性、动力性和目的性等，是人类精神中最重要和最有影响的部分，对个体的思想行为和创造力起制约作用。

特点：先验性、普遍性、自主性、自律性、动力性、目的性

文化母体

从《黑客帝国》中Matrix（母体）获得的启发。超级符号

基于文化母体。文化母体理论还有两个词：文化契约和文化半径。文化契约是指要使用与大众有文化契约的符号，就是文化规约。文化半径就是文化契约所能覆盖的半径，有全球文化契约，也有地方文化契约。

特点：永不停息、无所不包、循环往复、真实日常

超级符号

超级符号是人人都能看懂的，并且听它指挥的符号。将品牌嫁接超级符号，能在一夜之间，让一个新品牌成为亿万消费者的老朋友，并让他们建立品牌偏好，发动大规模购买行为。

特点：指称最强势、最明确，信息浓缩最大，行为意志力最强

预制件组装

"预制件"是建筑学上的术语，用预制件组装建筑物。预制件是超级符号的零部件，是不会产生歧义的标准件。从文化母体中选择与品牌强相关的预制件，进行拼接、组装和编织，成为品牌可以私有化的超级符号。

特点：一目了然、一见如故、可以言说、强相关性

无法卸载

非自愿的符号意志力。指超级符号一旦被知觉框架捕捉，

就快速接入受众的经验秩序，从而唤醒他的集体潜意识，刺激他的行为反射，并且持续有效。

特点：强制性、无意识、自发卷入、不可抗拒

大规模播传

播传就是发动消费者替我们传，是激发消费者的潜意识和本能情绪，乐于分享。塔尔德说："舆论是一种评论，是短暂的、或多或少合乎逻辑的成串判断。换句话说，对当前的问题做出回应，在同一时期里被同一个国家、同一个社会里的人多次重复地判断，就叫舆论。"舆论一定是"人传人"。

特点：快速复制、快速传播、传达更多人、成本更低

超级符号原理（品牌十六字咒）

文化母体 → 品牌寄生 → 超级符号
（购买理由、货架思维）

文化母体

文化母体是人类生活中循环往复的部分。

文化母体的四个特征：永不停息、循环往复、无所不包、真实日常。

母体必将循环往复地发生，母体一旦循环至此，购买必将发生。

购买理由

购买理由是心理上的打动机制。购买是由购买理由驱动的，不是由需求驱动的。购买理由就是对暗号，是对母体中的人说话，引起他的注意，并触发母体行为，达成购买。

购买理由＝母体超级词语＋使用价值＋超级句式＋购买指令。

超级符号

超级符号是工作的起点，也是终点。

一切产品的任何价值都可以通过符号来表达。超级符号是对购买理由的放大，它源于文化母体，是和购买理由一起实现品牌寄生的。超级符号是对一个恒定价值的承诺。

货架思维

商品或品牌的信息和消费者发生沟通的地方，都称为货架。这个世界就是一个充斥着货架的世界。货架有物理的货架、页面的货架、媒体的货架。货架意识就是无时无刻不意识到货架。

文化母体四部曲

第一步，寻找母体：找到一个母体行为或风俗。
第二步，回到母体：使用母体符号。
第三步，成为母体：成为原母体的新母体。
第四步，壮大母体：活进文化母体，成为人类风俗。

行为主义和行动导向

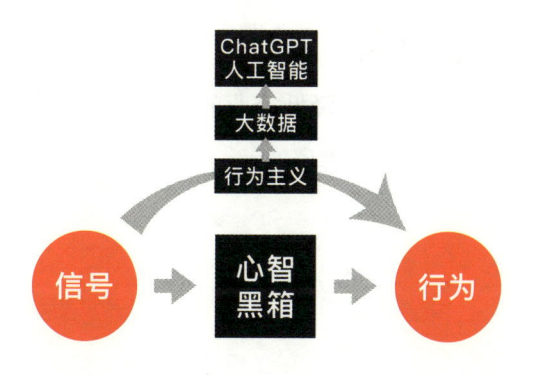

消费者心智是假知识，因为消费者心智就是一个黑箱，不可观测。我们只需要绕开消费者的心智，直接去研究信号和行为的对应关系就行了，这就叫"行为主义"。

行为主义再进一步就是"大数据"，大数据机器通过统计信号和行为的对应关系来进行预测，或用调整信号的方式来输出命令，操控行为。由大数据再进一步，就到了人工智能，乃至如今爆火的ChatGPT。无脑胜有脑，无心胜有心。人工智能，也正是因为超越了"智"，而直接"能"，所以无所不能。

两大工作原理

企业战略工作原理

学习客户的业务，理解客户的业务，并用华与华企业战略菱形模型重新想象、重新设计客户的业务。

品牌创意工作原理

用超级符号的方法，降低企业的品牌营销传播成本，建立品牌资产，并高效积累品牌资产。

三大核心技术

词语和符号，是人类的第一技术，也是华与华的核心技术。词语和符号，是我们一切战略营销品牌创意工作的入口，我们的工作就是寻找和创造拥有最强信号功能的词语和符号，以获得最大的行动反射。

词语的技术：品牌谚语
谚语是人类古老的忠告和人类经验的传承，它是有原力的，是记忆和传播成本最低的句式。谚语没有心理防线，是行动指令。

符号的技术：超级符号
一切传播都是符号的编码和解码。寻找超级符号就是要找到编码和解码效率都最高的符号，达到最低成本、最高效率的传播和品牌资产的积累。

持续改善的技术
持续改善就是让每一个人在每一个细节上都比上一次做得更好，并且能说出来好在哪里！
持续改善，就是要养成把问题当问题看的眼光，如果没有发现问题，就说明没有把浪费当浪费，没有把异常当异常，没有把问题当问题！

① 做同一件事情，每一次做，都比上一次做得更好，并能说出好在哪里。

② 不用花钱就能带来价值，比如你的销售增长了10%，但是用2亿元的广告换来的，得不偿失，而且不可持续。如果是用修改包装设计和终端陈列带来的，就是改善。

③ 通过改善解决问题，一定要做到让问题不再复发。

④ 持续改善来自时刻思考，无时无刻不在思考，对每一个环节进行改善。日积月累，则活在他人想象之外。

工 具

一、战略篇

华与华企业战略菱形模型

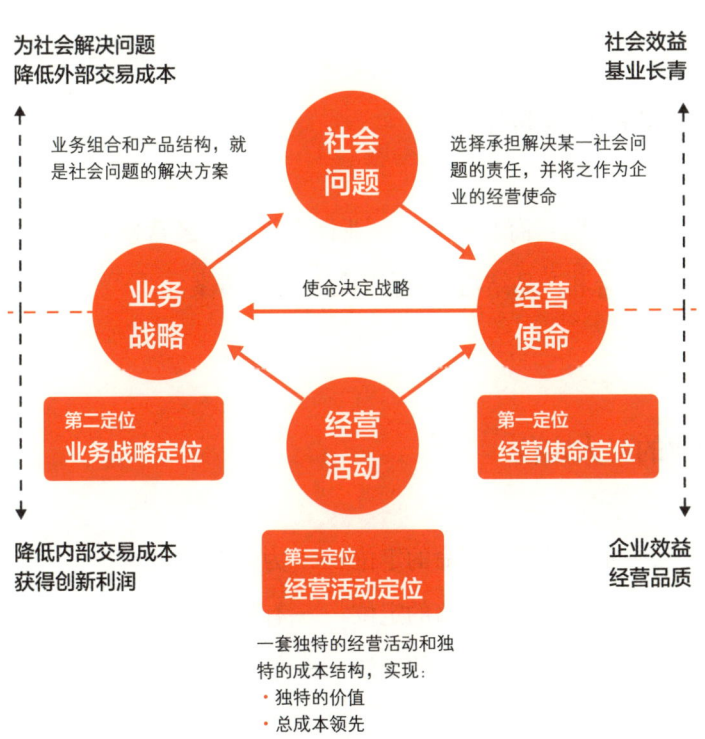

为社会解决问题
降低外部交易成本

社会效益
基业长青

业务组合和产品结构，就是社会问题的解决方案

社会问题

选择承担解决某一社会问题的责任，并将之作为企业的经营使命

业务战略

使命决定战略

经营使命

第二定位
业务战略定位

经营活动

第一定位
经营使命定位

降低内部交易成本
获得创新利润

第三定位
经营活动定位

企业效益
经营品质

一套独特的经营活动和独特的成本结构，实现：
· 独特的价值
· 总成本领先
· 竞争对手难以模仿

企业战略不是企业的战略，而是企业为了承担某一社会责任，解决某一社会问题，而为社会制定的战略。企业的产品和服务，即组成该社会问题有效的、全面的、可持续的解决方案。

菱形模型分上下两个三角，上三角是降低社会交易成本，为社会解决问题，是社会效益，基业长青；下三角是降低内部交易成本，为企业创造利润，是经营效益，企业体质。

华与华企业战略等式

社会问题＝商业机会＝企业社会责任＝经营使命＝企业战略业务组合和产品结构＝社会问题的解决方案

企业的三大定位

第一定位是经营使命的定位——为什么；
第二定位是业务战略的定位——有什么；
第三定位是经营活动的定位——怎么做。

华与华企业价值之轮

梦想
知识
体验
服务
产品
Product
Service
Experience
Expert
Dream

"企业价值之轮"模型强调企业的价值是产品—服务—体验—知识—梦想的逐步递进。

产品价值:企业就是产品

服务价值:服务创造附加价值

体验价值:体验价值−服务价值=创造体验的机会

客户体验阶段:

① 来之前,让客户有所期待。

② 来之时,要有惊喜。惊喜创造体验。

③ 走之后,让客户感觉这段体验值得回忆,让他们乐于谈论。

知识价值：企业是经营知识的机构，也是为人类创造新知识的前沿

做人类的首席知识官，建立压倒性的知识优势。

做行业的权威发言人，建立压倒性的公信力和话语权。

梦想价值：所有的企业都是梦工厂

最伟大的企业，都是在某一方面代表着人类的梦想。

华与华"五个市场"模型

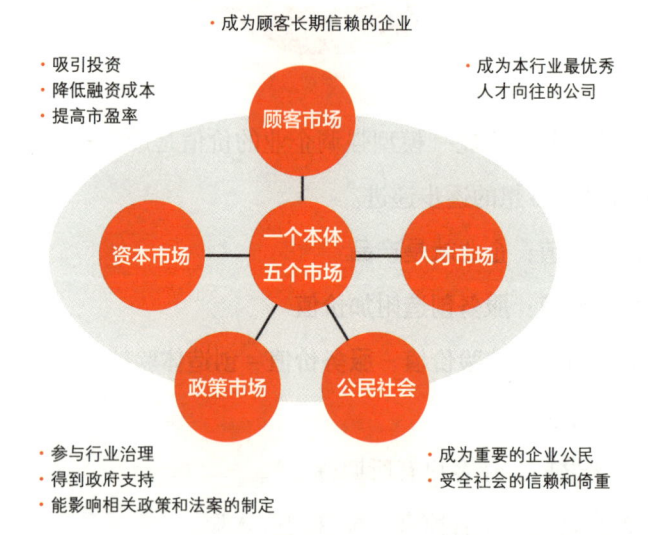

- 成为顾客长期信赖的企业
- 吸引投资
- 降低融资成本
- 提高市盈率
- 成为本行业最优秀人才向往的公司

一个本体 五个市场

顾客市场　资本市场　人才市场　政策市场　公民社会

- 参与行业治理
- 得到政府支持
- 能影响相关政策和法案的制定
- 成为重要的企业公民
- 受全社会的信赖和倚重

华与华定位坐标系

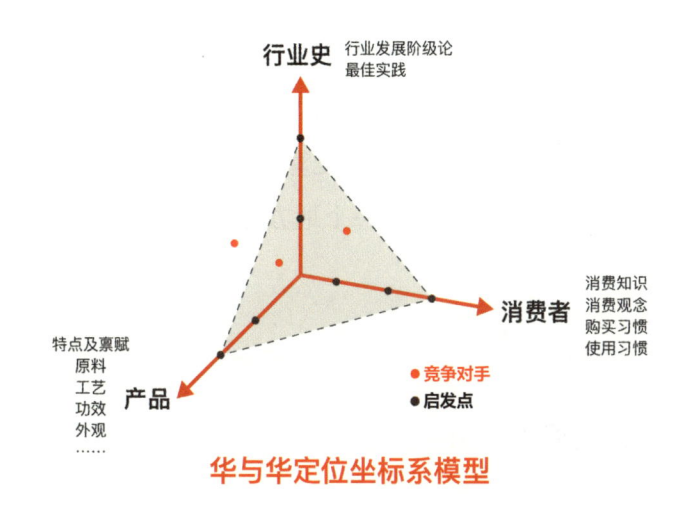

华与华定位坐标系模型

行业史　行业发展阶级论　最佳实践

消费者　消费知识　消费观念　购买习惯　使用习惯

产品　特点及禀赋　原料　工艺　功效　外观……

● 竞争对手
● 启发点

X轴：产品

把产品上所有可供选择的购买理由罗列出来，找出企业成功的基因，过去成功的基因决定了未来可能的机会。华与华方法论叫"企业寻宝"。

Y轴：消费者

看消费者的消费知识、消费观念、购买习惯和使用习惯。看消费者对哪些信息敏感。

为消费者提供完整的购买决策信息，降低消费者的决策成本。

Z轴：行业史

一是看行业发展阶段，二是看全球本行业的最佳实践。成功不是靠创造，成功主要是靠模仿。找到自己的基因后，在全球这个行业的历史里去找可以借鉴的行业经验。

所有这些都是找启发而不是运算，不是用这个坐标系运算出来一个结果，而是在任何一个地方随时停下来，一切来自启发。

华与华企业战略三角

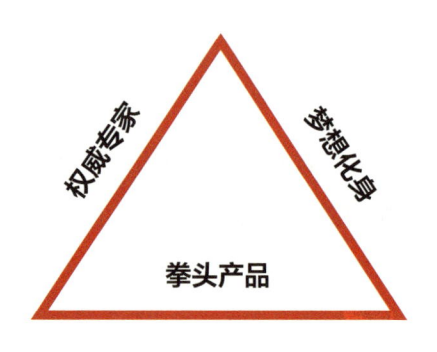

三角形三边标注：权威专家、梦想化身、拳头产品

华与华企业战略三角

拳头产品

企业就是产品。任何企业，首先要回答你的拳头产品是什么。强有力的拳头产品，会为大众所熟知。

权威专家

养成消费者对我们的习惯性知识依赖,建立专家形象,掌控话语权。

梦想化身

代表人类在某一领域的所有追求和终极梦想,成为这一领域的梦想化身。

华与华企业价值三角

三角形:代表先进的文化 / 代表消费者的利益 / 代表先进的生产力

华与华企业价值三角

拳头产品是什么?

你在哪方面代表了先进的生产力,这就是你对人类社会的根本价值!

权威专家是什么？

就是代表了先进文化。你在哪一方面，代表了最先进的文化；你在哪一方面，集合了先进文化的资源。

梦想化身是什么？

就是代表全人类的梦想！代表了消费者的利益，消费者自然会照顾到你。

华与华品牌三角两翼模型

事业理论
产品科学
品牌话语
企业文化

品牌谚语　话语体系　符号系统　超级符号

产品结构

华与华品牌三角两翼模型

华与华方法对品牌的定义是，品牌就是产品的牌子，是一个名字、一个符号。

产品结构是物理的，话语体系是文本的，符号系统是符号的，这三条边组成一个三角形，就是华与华方法的"品牌三角形"。

产品结构：这个牌子下面有哪些产品，这就是品牌的产品结构。

话语体系：话语体系就是产品及产品结构的逻辑，是一套事业理论、价值标准、选择逻辑、购买理由、命名规则、词语和定义，是品牌的文本系统。

符号系统：一个伟大的品牌就是一个伟大的符号系统。视觉、听觉、嗅觉、味觉、触觉五大感觉都可以构建品牌的符号系统。

话语体系是文本信号，符号系统是感官刺激信号。

话语体系中提炼出一句口号，就是品牌谚语。

符号体系中有一个核心，就是超级符号。

超级符号和品牌谚语构成让品牌起飞的两翼，加起来就是华与华方法的"品牌三角两翼模型"。

产品结构本身也是话语体系，因为它是一套命名体系，命名又是符号的一种，所以归根结底，都是符号系统。

产品是物质，话语是意识，符号是潜意识。

物质决定意识，意识又对物质具有反作用；超级符号方法，则更能发掘出潜意识的作用。

149

品牌三大定律

社会监督定律

品牌是手段，社会是目的。

从经济学角度看，品牌是一种博弈的机制，是企业为了赢得顾客的选择，给顾客惩罚自己的机会，从而创造的一种重复博弈的机制。

品牌成本定律

品牌存在的意义在于降低三个成本：

第一，降低社会监督成本；

第二，降低顾客选择成本；

第三，降低企业的营销传播成本。

品牌资产定律

品牌资产就是给企业带来效益的消费者品牌认知。做任何一件事,一切以是否形成资产、保护资产、增值资产为标准。

品牌资产的两个效益:买我东西,传我美名。

品牌三角形

话语体系:事业理论、产品科学、品牌文化、企业文化、企业故事——企业家的**思想**

符号系统——消费者的**感知**

产品结构(意识、潜意识、物质)——企业的**行动**

华与华对"品牌"的符号学定义:

品牌是产品和它的牌子,是产品、话语和符号的三位一体。一个本体,三个位格,话语创造产品,符号创造感知。或者说,企业家以话语创造产品,消费者通过符号感知产品。产品、话语和符号三者密不可分,同时诞生,同步进化。品牌管理就是同步管理产品结构、话语体系、符号系统。这就是华与华说的"所有的事都是一件事"。

在这个三角形里面,也浓缩了物质、意识和潜意识。从哲学层面来讲,产品就是物质,话语是意识,品牌的符号是运用人的潜意识。物质决定意识,意识对物质有能动作用。消费者通过符号来感知产品,从而促使了消费者的购买行动。可以说,企业家是造物主,用词语造物,用符号来吸引顾客。所以,这个品牌三角形,也是企业家、顾客和产品的三角形。

华与华产品战略三角

华与华产品战略三角

企业战略的核心就是产品结构和业务组合。

产品结构

产品结构就是企业发展路线图。

每一种产品所扮演的战略角色和承担的战略任务

克劳塞维茨说,"所有的会战都是为了最后的决战",我们要把每一次会战的次序安排好。

推出的战略次序

这一路线图的设计决定了成功的概率和营销投资的效率。

产品战略围棋模型

金角银边 —— 品类权威 / 竞争壁垒
草肚皮 —— 边际效应 / 战略镰刀 / 最后的盈利

战略就是下围棋，金角银边草肚皮，金角占据制高点，银边拉出包围圈，镰刀收割草肚皮，天下归心成大局。

所谓"战略镰刀"，就是超级符号炼成后，其所携带的价值可以去别人家地里收割庄稼。别人要是和咱们竞争呢？他找不到地方下嘴！价值雪球，就是我们的价值越滚越大，而且每一圈都比上一圈大，加速发展，你自己都挡不住！

迈克尔·波特五力模型

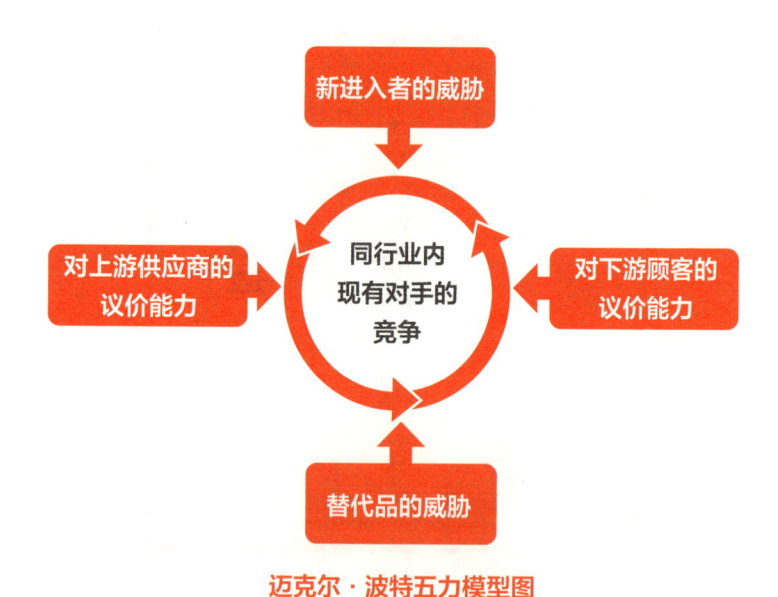

迈克尔·波特五力模型图

影响利润的五个力：
① 同行业内现有对手的竞争；
② 对上游供应商的议价能力；
③ 对下游顾客的议价能力；
④ 新进入者的威胁；
⑤ 替代品的威胁。

战略定位是一组独特的经营活动，带来三个结果：
① 独特的价值；
② 总成本领先；
③ 竞争对手难以模仿。

竞争不是为了打败对手，而是为了获得利润。

竞争战略即有目的地选择一整套不同的经营活动，以创造一种独特的价值组合。

熊彼特五个创新

"创新"就是将原始生产要素重新排列组合为新的生产方式，以求提高效率、降低成本的一个经济过程。熊彼特提出了五个创新：

① 创造一个新产品，或者给老产品一种新的特性；

② 创造一种新的生产方式；

③ 采用一种新的原料；

④ 开辟一个新的市场；

⑤ 创造一个新的商业组合，建立或打破一种垄断。

华与华播传模型

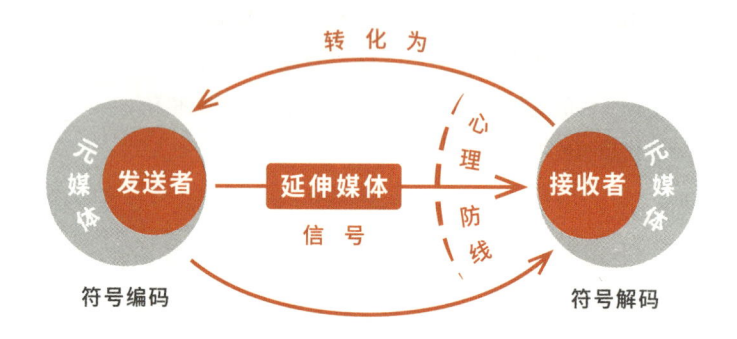

元媒体 发送者 → 延伸媒体 信号 → 接收者 *元媒体*
转化为
心理防线
符号编码　　　　　　　　　　　符号解码

① 利用接收者的潜意识,让编码在接收者脑海里完成。也就是说,发送者发送的并不是最终编码,而是一个"观念爬虫",挖掘接收者脑海里的数据。

② 媒介并非只是传送媒介,其本身也是编码的一部分,有时甚至是最重要的一部分。

③ 对于接收者的行为反射,我们也并不满足于他的购买行为,而是要做到即刻把他转化为发送者,替我们传播。

④ 信号必须足够简单,信号能量必须足够强,而且必须持续不断,并长时间重复,最好是永远重复。

⑤ 以修辞学技术绕开接收者的心理防线。

流量循环模型

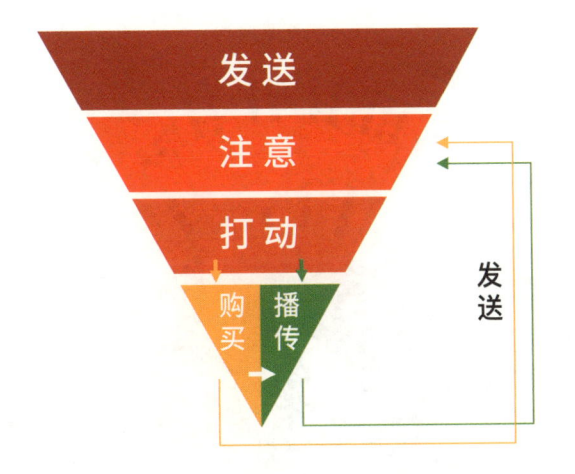

流量模型不是一个单向的漏斗，而是一个循环放大的生态。不管他是不是我的消费者，不管他是否购买，我都要把他转化为我的传播者，把流量循环再倒上去。

品牌接触点罗盘

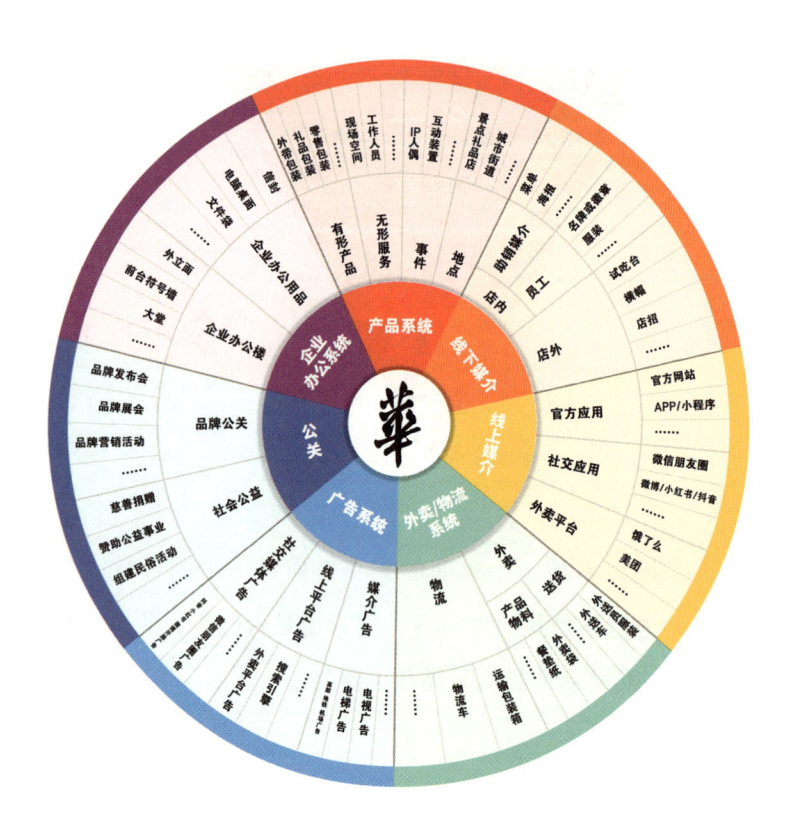

品牌接触点是指消费者有机会面对一个品牌信息的情境。这些接触点是品牌信息的主要来源。

二、产品篇

营销 4P

产品　　　　Product	价格　　　　Price
・产品就是企业发展战略 ・产品结构 ・每一种产品所扮演的战略角色和承担的战略任务 ・推出的战略次序	・营销模式的选择 ・产品价值的定义 ・设计销售者的利益分配
渠道　　　　Place	**推广　　　　Promotion**
・企业的"政治体制" ・"商品从生产企业流转到消费者手上的全过程中所经历的各个环节和推动力量之和" ・解决如何最大限度地整合利用销售者的资源，对这些环节和力量的动员能力和控制能力 ・解决销售者愿意积极地替我们卖的问题	・核心是建立品牌 ・不断降低流量获取和转化的成本

4P理论是华与华解决营销问题的最高纲领。

4P就是营销的全部和全部的营销，因为它能够做到完全穷尽，相互独立。

华与华的4P观点：

① 产品是购买理由。② 价格是利益分配方案。③ 渠道是

"体制外，结构内"的组织共同体。④ 推广是持续降低获客成本。

华与华顾客价值方阵

做什么 To Do	体验什么 To Experience
学到什么 To Learn	成为什么 To Be

顾客在我们这里到底得到什么，有四个方面：
① 顾客来我们这里做什么；
② 体验什么；
③ 在这里学到了什么，顾客对自己学到了什么很在意；
④ 成为什么，品牌是身份的象征。
这和前面的价值之轮异曲同工。

产品

产品的本质是购买理由,产品开发就是创意购买理由,先命名,就是提出一个词语,然后用产品去把它物化实现。

设计产品,就是设计消费者的选择逻辑,能够让购买者以最快的速度进入的逻辑,从而赢得消费者的选择。

华与华产品开发路线图

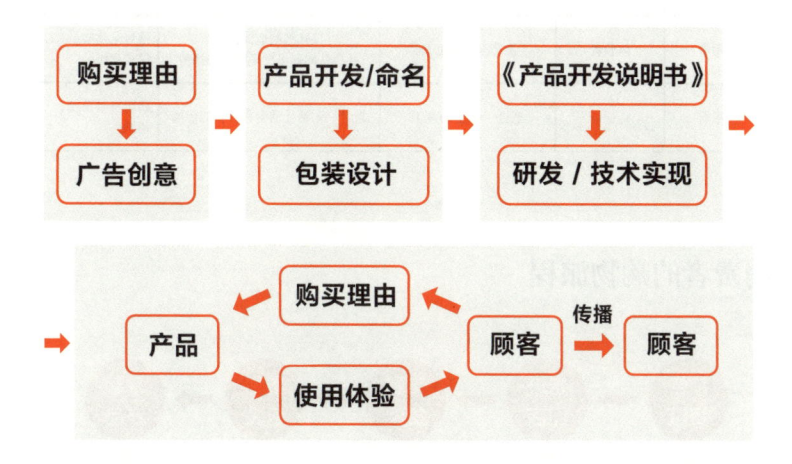

```
购买理由 → 产品开发/命名 → 《产品开发说明书》 →
   ↓           ↓                ↓
广告创意     包装设计         研发／技术实现

         购买理由
          ↗   ↖
→    产品       顾客  —传播→  顾客
          ↘   ↙
         使用体验
```

后工序决定前工序,从消费现场开始往后倒推。

产品开发就是洞察一个购买理由,提出一个词语,再用产品去实现它。产品开发／命名、包装设计、广告创意在华与华是一个系统,同时完成,一次成型。

消费者的四个角色

"消费者"这个词,表达的是人与商品的关系,所以我们在思考消费者的时候,要围绕这个关系的变化来思考。分购买前、购买中、使用中、使用后这四个阶段。

消费者的四种角色概念

消费场景	角色	状态描述	策略目标	策略重点
购买前	受众	茫然、遗忘	用强大的刺激将其从茫然中唤醒;重复对抗遗忘	超级符号系统;预制件;全面媒体化
购买中	购买者	购买环境中的信息搜索者	提供信息服务;打动购买,促成销售	超级符号;货架思维
使用中	体验者	期待与验证心理	仪式感制造惊喜;社会认同促进反复购买和播传	符号化体验;仪式化体验
使用后	传播者	感性、无主动意识	设计一句话让消费者替我们传播	超级符号系统;预制件

消费者的购物旅程

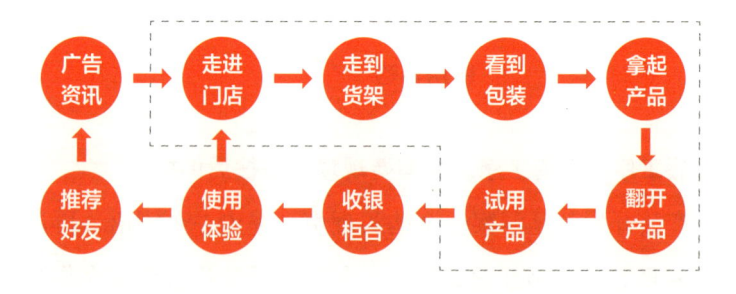

广告资讯 → 走进门店 → 走到货架 → 看到包装 → 拿起产品 → 翻开产品 → 试用产品 → 收银柜台 → 使用体验 → 推荐好友 → 广告资讯

促成购买的核心消费决策,是发生在货架前的消费行为。

三个购买

```
        购买指令    购买指南
         (马上买)  (轻松买、买更多)
              (想买)
           购买理由
```

完整的广告文本信息中应包含三方面内容：

购买理由、购买指令、购买指南。

这是企业的生意经，也是为消费者服务，降低消费者的决策成本，并提供行动指南。

做广告要无我，不要总在意自己的表现，不要担心别人会怎么看我，才能全心全意为顾客提供对他有用的信息，一心一意把自己的产品卖好。

三现主义

三现主义即现场、现物、现实。一切答案都在现场。

当你走到现场，看到现物，看见发生的现实，创意就会向你走来。

	状态描述	动作
现场	鹰的眼睛，俯瞰全局	画地图，城市—街道—商圈—门店
现物	兔子的眼睛，观察细节	拉清单，点检摸排统计物料和产品
现实	树的眼睛，记录事实	时间轴，年/月/周/天里发生的具体事情

三、传播篇

传播三大定律

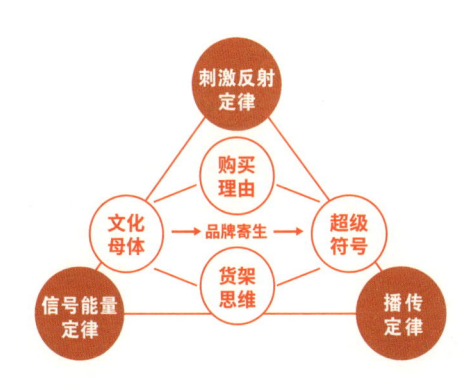

刺激反射定律

人的一切行为都是刺激反射行为，所有的传播都是自我释放出一个刺激信号，谋求顾客的一个行动反射。

顾客的反射是可以测量的，这是我们的最终目的。所以，华与华方法很大程度上是行为主义的方法。

播传定律

传播的本质不是"传播"，而是"播传"。

是"播"出去，发动消费者替我们"传"。

顾客替我们传，就是从向我们"买"，到替我们"卖"。

- 我爱北京天安门正南50公里（固安产业新城）
- 知识就在得到（得到APP）
- I ❤ 莜（西贝莜面村）
- 安全第一（360）
- 爱干净，住汉庭（汉庭酒店）
- 今年取暖用先锋，
  全屋热透分分钟（先锋电器）
- 晒足180天，厨邦酱油美味鲜（厨邦酱油）
- 有斯利安，怀孕好心安（斯利安）
- 产业新城运营商（华夏幸福）
- 六颗星牌长效肥，
  轰它一炮管半年（六颗星牌长效肥）
- 新东方，老师好！（新东方）
- 一个北京城，四个孔雀城（孔雀城）
- 我爱傣妹，傣妹爱我（傣妹火锅）
- 小葵花妈妈课堂开课啦！（葵花牌儿童药）
- 你爱我，我爱你，蜜雪冰城甜蜜蜜（蜜雪冰城）
- 三精制药，开创口服液蓝瓶时代（三精制药）
- 烘焙找立高，款款都畅销（立高食品）
- 老人要穿老人鞋，专业老人鞋，
  认准足力健（足力健）
- 米饭要讲究，就吃老娘舅（老娘舅）
- 一起嗨，海底捞（海底捞）
- 洽洽，掌握关键保鲜技术（洽洽）
- 拍照大声喊"田——七——"（田七牙膏）
- 广州牛杂煲，就吃牛小灶（牛小灶）
- 做足100，益佰制药！（益佰制药）
- 鲜丰水果鲜又甜，不鲜不甜不要钱（鲜丰水果）
- 晨光总有新创意（晨光文具）
- 我现在就要绝味鸭脖（绝味鸭脖）

信号能量定律

刺激信号的能量越强，则行动反射越大。放大刺激信号是华与华方法的核心。

华与华元媒体模型

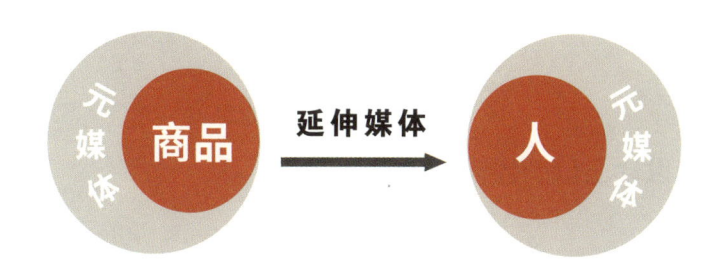

商品和人，本身就是最好的媒体，华与华称之为"元媒体"。

在商品和人之间的那些需要花钱购买的媒体，华与华称之为"延伸媒体"。

元媒体和延伸媒体有两个区别：一是元媒体比延伸媒体更强大、更有效；二是元媒体不要钱，延伸媒体要花钱。

人们往往一说推广，就在延伸媒体上下功夫，花大价钱投资，却没有对元媒体进行任何规划，这是普遍的问题。对元媒体的无知，是一种重大的理论缺陷。

播传

传播的本质不是"播"，而是"传"，传播的关键在于传，所以不做"传播"做"播传"。

播传是我播一个东西让它自己能传，发动消费者替我们传，先考虑不花成本的"传达率"。不是我说一句话给他听，而是我设计一句话他会说给别人听。

品牌设计三位一体模型

图腾（崇拜）
识别（记忆）
信号（行动）
华与华方法
品牌设计
三位一体

品牌设计，包括一切标识、包装、店招和广告设计，首先是信号设计，发出信号，谋求顾客的行为反射。但是，由于Brand（品牌）的词源含义是"烙印"，VIS（visual identity system，视觉识别系统）又以识别为核心诉求，导致整个行业倾向于识别设计。品牌形象的理论，又以"图腾"为自我满足，"信号"就越来越弱，消费者没有行为反射，广告无效。超级符号是取代VIS的新思想、新体系。我们要用超级符号建立VSS（visual signs system，视觉信号系统），品牌信号系统，是行为反射。

自媒体工程和全面媒体化

产品本身就是企业的"自媒体",是品牌最大的媒体。

自媒体不是微博、微信,而是你的产品、包装、工厂、员工、车辆……你所有的一切,不放过任何一个跟消费者接触的点,把他们和它们全面媒体化。

每一个营销工具,都要能单独完成一次完整的进攻。一个包装、一张海报、一张宣传单页,都要具备单独完成销售的资源条件。

四、管理篇

TPS

TPS（Toyota Production System，丰田生产方式）是由日本丰田汽车公司的副社长大野耐一创建的。

华与华方法认为，创意不是天马行空，而是和制造业一样，可以在生产车间生产，创意型企业的生产管理方法和丰田生产方式异曲同工。

5S

"不会收拾的人不会干活"，每一项工作里都要贯彻5S的思路。

清扫（SEISO）：点检、排查，确定清扫彻底的基准。

整理（SEIRI）：区分"要"与"不要"，处理不要的物品。

减少管理对象（减少控制点），管理的东西越少，管理得就越好。

整顿（SEITON）：将"要"的东西整齐摆放在指定的位置。

基准是10秒钟找到，1秒钟放回去！

清洁（SEIKETSU）：保持干净的状态，就是让事物恢复它本来的面貌。

形成标准状态，或者规定状态，有异常就能马上发现。

素养（SHITSUKE）：遵守工作上的规则和制度。

就是养成习惯，养成一个良好的工作和生活习惯，才是最大的生产力。

标准和基准

美国的标准：标准是用来达到的

美国式的管理就是自上而下，上面制定KPI，也就是业绩考核指标。

日本的基准：基准是用来打破的

日本式的管理就是自下而上，共同制定基准，并且持续改善。

不能低于公司的历史基准，不能低于自己的历史基准；超过历史基准，成为新的历史基准。不退步，就是最快的进步。

松浦九条——课题循环工作法

运用"松浦九条"能够减少工作当中的废动作,提高全员的时间利用率。这套循环工作法是华与华在营销实践中收获的行之有效的方法。

课题循环工作法是华与华与客户长期合作并持续创造价值的关键,不搞错课题和能提出正确的新课题是华与华方法的重大战略价值。

	9大步骤		实施步骤
P 计划	① 明确课题	抓住现场问题点 确定课题	1）选定课题的方法（问题意识、头脑风暴） 2）把握问题的种类（现状与基准有差距的问题、自己设定基准的问题） 3）问题的发现方法（人机料法、浪费波动过载、用带有"不"的词来检查、用QCDSM检查）
	② 把握现状	调查问题现状 抓住特性事实	1）调查事实的数据 2）以三现主义的态度仔细检查、确认 3）分层次分析（分时间、分地点、分人……）
	③ 设定目标	明确目标、制订计划 定量化、具体化	1）基于工作现场的需求，设定采取措施的目标 2）制订不过于勉强、能够顺利实施的计划
	④ 找出真因	查找问题的要因 挖掘出真因	1）基于事实数据，列举对事实有影响的要因 2）将列举出来的要因用工具进行系统整理 3）从浓缩的要因中深入探究，挖掘出真因 寻求真因的5-4-3-2-1 5个为什么、4M人机料法 3现主义、2原理原则、1个真因 （只要一个，重点导向）
D 执行	⑤ 制定对策 并实施	对策制定 实施对策	1）针对通过要因解析获得的真因，发挥小组人员的智慧与经验，思考对策方案 2）可以用奥斯本检查表 奥斯本检查表 能否　他用、借用、改变、扩大、缩小、替代、调整、颠倒、组合

C 检查	⑥ 确认成果	针对实施的成果 进行调查确认	1）将实际和目标进行比较（是否达成，未达成就回到要因分析） 2）把握其他成果（附带成果） 3）把握无形成果（人际关系、能力、团队精神等）
A 处理	⑦ 基准化 （防止再发）	为了不让问题再发 进行基准化	基准化时，重要的是要将"谁""何时""在哪里""做什么""如何做"这些要素明确下来，便于实施
	⑧ 反思 （总结）	反思活动过程和成果 明确遗留问题	1）将计划与实际的差异明确出来，进行反思 2）对各步骤推进方法与步骤间的联系进行反思 3）对活动运行的方法（会议召开方法、分工、学习活动等）进行反思
P 计划	⑨ 下一个课题	今后的计划	1）将上述的反思的内容（获得的经验）用于下次活动 2）将这次活动中未能解决的问题点，以及遗留的问题、课题明确出来，运用5W2H制订计划

麦肯锡MECE原则

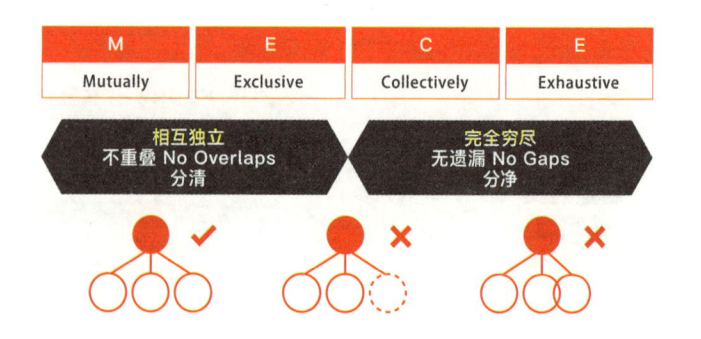

M	E	C	E
Mutually	Exclusive	Collectively	Exhaustive

相互独立
不重叠 No Overlaps
分清

完全穷尽
无遗漏 No Gaps
分净

HHPS金字塔

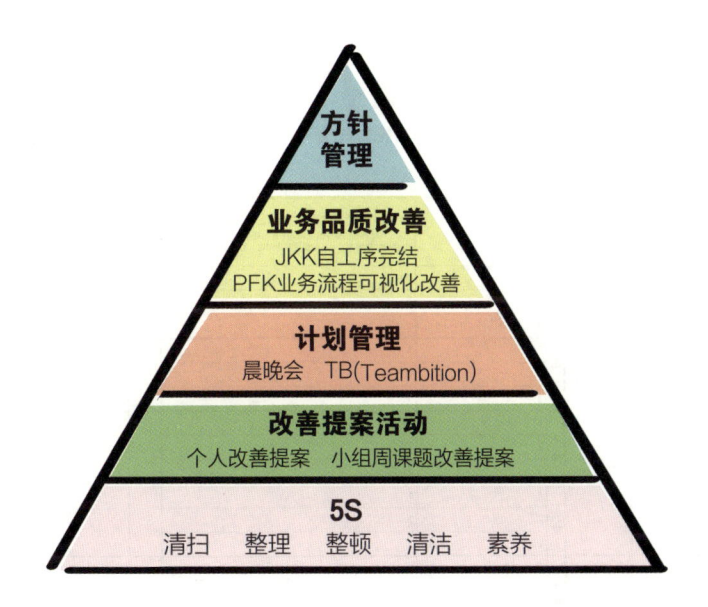

```
            方针
            管理

        业务品质改善
      JKK自工序完结
    PFK业务流程可视化改善

        计划管理
      晨晚会  TB(Teambition)

        改善提案活动
    个人改善提案  小组周课题改善提案

              5S
      清扫  整理  整顿  清洁  素养
```

华与华认为,创意不是天马行空,而是和制造业一样,可以在生产车间生产,创意型企业的生产管理方法和生产车间的生产方式异曲同工。

华与华晨晚会看板

晨晚会看板

目的！目的！目的！
—— 所有的错误，所有的浪费，所有的返工，都是不清楚目的 ——

日期：	主持人：	晨会时间：	晚会时间：			
组员姓名	今日最重要的一个成果物 成果物・目的・完成成果物的三个工序			3 个成果物可量化的良品基准 （判断出这个成果物是不是达到了最终目的） 1. 必要的要素内容 2. 呈现的数量形式 3. 相应的华与华方法	是否完成	晚会总结 3 大浪费・7 大改善 （1 条具体的浪费或改善内容）
	成果物	目的	工序 1 2 3	1 2 3		
	成果物	目的	工序 1 2 3	1 2 3		
	成果物	目的	工序 1 2 3	1 2 3		
	成果物	目的	工序 1 2 3	1 2 3		
	成果物	目的	工序 1 2 3	1 2 3		
	成果物	目的	工序 1 2 3	1 2 3		
	成果物	目的	工序 1 2 3	1 2 3		
	成果物	目的	工序 1 2 3	1 2 3		
	成果物	目的	工序 1 2 3	1 2 3		
	成果物	目的	工序 1 2 3	1 2 3		
	成果物	目的	工序 1 2 3	1 2 3		
	成果物	目的	工序 1 2 3	1 2 3		

晨会流程说明

① 9：00上班先到看板前，写下今天最重要的一件事；

② 9：15准时召开晨会；

③ 主持人召集全员到看板前，轮流发言；

④ 组长听完组员汇报后，确认工序和良品条件是否准确，并提供建议；

⑤ 互相确认沟通节点，确保高频沟通的同时有大块的时间工作。

晚会流程说明

① 17：30提前到看板前，写下今日改善和今日浪费；

② 17：45准时召开晚会；

③ 主持人召集全员到看板前，轮流总结今日浪费和今日改善；

④ 听完组员汇报后，组长对今日成果进行肯定，对明日工作进行安排；

⑤ 主持人拍照存档。

晨晚会看板提示内容

只写名词、动词、数量词，坚决不能出现形容词。

禁用词：完善、完成、完稿、提升、强化、深化、明确、确认、准确。

7大浪费

① 不了了之的浪费；

② 不必要作业的浪费；

③ 外乱[1]的浪费；

④ 指导不明的浪费；

⑤ 沟通的浪费；

⑥ 等待的浪费；

⑦ 返工的浪费。

3大改善

① 品质改善；

② 技能改善；

③ 效率改善。

1　华与华术语，指计划外的事情。

五、技术要点

品牌谚语

谚语是指人类古老的忠告和经验的传承，是有原力的，所以是记忆和传播成本最低的句式。传播的本质不是"传播"，而是"播传"，品牌谚语就是为品牌设计一句记忆和传播成本最低的话，"播"出去，发动消费者替我们"传"。

品牌角色

品牌角色就是一个品牌的卡通形象，其本质也是为了降低品牌的传播成本。和超级符号一样，将具有文化原力的形象，通过"私有化"改造，形成独有的品牌角色。通过不断投资品牌角色，形成并持续积累品牌资产。

品牌资产

品牌资产是能给企业带来效益的消费者的品牌认知。跟品牌相关的任何事，包括符号创意、品牌谚语创意等，一切要以能否形成品牌资产，能否保护资产，能否增值资产为标准。从第一天开始投下去的第一分钱，以及未来投下的每一分钱，在多少年之后都能够从中获得利息，甚至可以随时套现。

品牌纹样（超级花边）

品牌纹样是指将具有规律性、指向性的图案，私有化形成品牌的超级纹样，这些图案具有很强的视觉控制性，拥有让人看一眼就能记住的视觉效果。在包装上使用品牌纹样，可以让包装即使被扔掉、撕碎也依然能够识别出品牌，达到二次传播的效果。

品牌文化

华与华认为品牌本身就是文化，是一套物质财富和精神财富的总和。

每一个品牌，都是一套物质财富；有没有为社会创造精神财富，就是有文化和没文化的区别。有文化的品牌，成为文化母体，壮大文化母体，就能根深叶茂，成为百年品牌。所以，品牌文化特指品牌所创造的精神财富。

精神财富主要分为三大类：情绪财富、知识财富、人生财富。

情绪财富：就是创造愉悦，这是一切说服的捷径；

知识财富：企业是经营知识的机构，是为人类创造新知识的前沿；

人生财富：这是最深刻的，因为你进入了消费者的生活，成为他们生活的一部分，甚至成为他们人生的一部分、生命的一部分。

文化遗产品牌

品牌文化的成本本质，就是人类文化。

最有价值的品牌是文化遗产品牌，树立一个品牌，要以成为人类共同的文化财富为目标。

文化遗产品牌就是指这个品牌是我们整个民族的物质文化遗产。或者说，一些地方的文化遗产品牌，是地方人民的物质文化遗产，比如茅台、云南白药、东阿阿胶。

品牌符号化路径

人有五大感觉：视觉、听觉、嗅觉、味觉、触觉。

这五大感觉，就是五条品牌符号化路径。

品牌谚语填空法

想卖什么就直接说什么。广告语的创作就是填空法，要押韵，要有品牌名。

第一，要有品牌名称；第二，要有品类名，要让别人看到后，知道你是卖什么的；第三，要有超级词语，围绕超级词语形成购买理由；第四，最好要有购买指令，直接下达命令。

品牌命名

命名就是成本，命名就是召唤，命名就是投资。

品牌命名要使用有意义的、具象的、有画面感的词语，最好名字就是价值，名字就是想象力，名字就是购买理由。

品牌标志

品牌标志是用来降低品牌识别、记忆、传播的成本的。

标志不要解释，尽量使用具象的图形，一目了然见行业，发掘品牌名字的戏剧性。

品牌营销日历

以季节性营销活动为主题，形成品牌一年的营销日历。营销日历要年年做，年年同一时间做，"驯养"[1]消费者，培养消费习惯。

公关

公关是企业的社会服务产品，要用产品开发的思维做公关。开发"公关产品"，这个公关产品，不仅在我们的业务组合和产品结构里面，还在我们的企业战略里面，构成我们的经营使命，即我们的社会责任所要解决的那个社会问题的解决方案。

---

1 "驯养"：华与华方法术语，来源于法国童话《小王子》。"驯养"关系是相互的，意味着企业对消费者的责任和爱，以及消费者对企业的信任和依赖。

危机公关二原则

① 主观上接受自己的形象是不完美的。特别是平时不要无限拔高自己的道德形象,给自己多留余地。

② 一旦出现问题,如果真是自己错了,马上认错投降,越快越好,否则越拖越长,越拖越惨。你认了就结束了,大家等着抓下一个呢。总之就是做个实在人,公关很多时候都是无用功!

包装设计

包装设计的本质是为了获得陈列优势,也就是如何从货架环境中获得视觉优势。

包装设计就是产品再开发,包装的本质是信息炸药包。包装是最大的媒体。包装要在货架上脱颖而出,引起消费者注意,并携带购买理由,炸开消费者的心智,达成购买。包装设计要用色如用兵,创造体验来增加包装的附加价值,是购买者视觉体验的设计,是和购买者进行对话交流的设计,是购买者思维过程的设计,是购买者一系列行为的设计。

包装文案

　　包装就是销售员，为产品写剧本，让产品自己会说话，自己能在货架上把自己卖出去。包装文案必须完成身份价值传达和购买鼓动。

　　把包装文案做成导购指南。一个好的包装文案能发挥巨大的作用，能吸引消费者阅读，引导他一口气读下去，读完就能把你的产品放进购物篮。

　　沟通的速度越快，沟通被打断的概率越低。用超级句式和短语加快阅读速度。

　　购买理由是单一逻辑，快速罗列证据，表述简单、清晰，不能让消费者的阅读出现折返。所有文案要顺着购买理由的逻辑往下说，不产生新的疑惑，不产生新的好奇，不产生新的价值。

电视广告

　　电视广告不是"讲故事"，是"耍把戏"，是"产品演出"。

　　15秒电视广告的技术要求：用15秒的表演让一位观众注意到，并有意愿掏钱购买一个他第一次听说的产品。

　　零基础沟通，要假设他是第一次听说这个产品！

创作标准：
① 让人记住品牌叫什么名字；
② 让人记住商品长什么样子；
③ 给人购买理由和冲动；
④ 建立品牌符号和企业战略优势。

卡通形象

卡通形象的成本本质，要有"文化原型"，即文化里本来就有的东西，本来就让人们有好感、喜欢的东西。原型成本低，如果没有文化原型，我们根本支付不起投资打造一个新卡通形象的成本。

平面广告

平面广告的成本本质，是直接决策成本。

平面广告要提供让消费者足以直接做出购买决策的信息，提供导购指南，而不是仅仅引起注意（那是户外广告牌的事）。

信息多多益善，文案越长越好，提供的信息越多，提供的购买理由越多，消费者买得就越多。

门头设计

门头设计的本质是人流，吸引更多顾客，留住更多人。简单、直观、醒目，反差要大，字体要粗，放大撑满，大粗黑。

纪念品

纪念品的本质，是一个信物，是一个符号，是一个媒体。最重要的，它是一个媒体！让消费者愿意携带，愿意放到家里的玻璃柜，并且还会乐于谈论，为品牌和产品做广告。

调研

调研是找参考，找启发，不是找依据。一切创意在现场！调研的关键是了解消费的故事，这个故事里有时间、地点、人物、过程、情绪，调研报告要有"语境"。调研要去到消费现场，观察消费者的购物旅程，和基层店员交谈，调研行业标杆，调研行业发展史。

产品策略、营销策略，就是编写消费故事的剧本。

电话测试法

命名是不是听觉词汇,成本是不是足够低,有一个简单的检测方法:就是在电话里跟人说你的名字,看看要花多少时间。

创意测试法

创意测试四大问题:
① 是谁?
② 他要你做什么?
③ 你做不做?
④ 为什么?

创意成本法

如何用创意降低成本?从成本的角度来看一切企业经营的问题,一切问题都可以归结到成本的降低。

生产成本的降低,营销成本的降低,管理成本的降低,沟通成本的降低,研发成本的降低,人力成本的降低,战略拓展成本的降低……

建立新品类，赢得解释权

要有"品类"思维，而不是"品种"思维。

品类价值是用购买理由来建立的，在品类价值中寻找品种价值，把这个品种价值具体变成我们的购买理由，让它成为这个行业中的新类别，这样做就可以赢得解释权，就拥有了话语权。

鼓动尝试

快消品的营销特征，在于"低购买尝试成本"。

不要指望从理性上说服消费者，快速消费品营销的本质在于"鼓动尝试"，消费者总是对广告的吹嘘充满戒心，同时又对广告的诱惑充满好奇。鼓动尝试的诀窍，是化解戒心，给他的好奇心轻轻一拨。

赞美消费者

想卖东西给别人，就要拍别人的马屁，华与华方法叫"赞美消费者"。

例如，华与华为美罗胃痛宁创意的电视广告"胃痛光荣篇"——"胃痛？光荣！肯定是忙工作忙出来的。美罗牌胃痛宁片"。

俄罗斯苏-27战机广告语："伟大的祖国需要伟大的战机。"

"驯养"消费者

养成消费者对企业的习惯性资讯依赖。不只是成功销售某一种产品，而是将品牌经营为某一个类别的权威；不仅成为消费者某一类产品的供应商，更成为其某一方面资讯的习惯性来源。

定义思维

每个公司都应该编写自己的《企业词典》，先定义，后定位。

定义思维是一种思考的模式和表达的格式，如果大家给出的定义都不一样，开会讨论使用的词语定义都不一样，就会导致语言相通，词语不通，我们的沟通成本就会非常高昂，就不能指望会议能有成果。

价值观

经营使命
让企业少走弯路

企业精神
真人真心真本事

核心价值观
不骗人 不贪心 不偷懒

经营理念
悦近来远 终身服务

经营使命：让企业少走弯路

我们的经营使命是，让企业少走弯路，而不是帮企业成功。最高的效率是不返工，最快的进步是不退步。不追求速度，就是少走弯路，这就是滴水不漏、滴水穿石。

核心价值观：不骗人　不贪心　不偷懒

华与华的价值观就是不变兵法，就是讲底线。

不骗人

第一条底线就是不骗人。再缩小一下范围，叫作不骗客户。

不贪心

要搞定客户的事,不要搞定客户,要集义而生,不要义袭而取。

不偷懒

每个人每天都有偷懒,认识到自己随时在偷懒,再做到不偷懒。

企业精神:真人真心真本事

没有真本事拿不出真心来。真人真心真本事,做客户的良师益友,还要有一颗父母心。

经营理念:悦近来远　终身服务

近者悦,远者来。近者悦,所以我们把所有的时间资源投到现有的客户,远方的客户自然就来了。我们只要把我们的员工照顾好了,让所有年轻的员工都想来华与华工作,他自然就来了,我们花了很多钱做培训,但从来不花一分钱找猎头。

"终身服务"就是我们所有服务的模式,客户是一年一年永续的。

正心术　立正学　走正道

用华与华的实践和学术树立一个正心术、立正学、走正道的范例，也找到我们的同道。

"仁者不忧，知者不惑，勇者不惧"，意思是仁爱的人不会忧虑，有智慧的人不会疑惑，勇敢的人不会恐惧。

至诚无息，原则不变

《中庸》说"至诚无息"，无息就是没有停息。什么是原则？原则就是没有例外，对谁都是一样的，没有私心。不管对千亿级企业还是对千万级企业，我们都是一样的，不管什么时候，都是一样尽心尽力为客户服务。

无息则征，征，就是表现出来，没有私心，时间长了，自然就表现出来了，这是一点点攒起来的东西，叫作"路遥知马力，日久见人心"。

无息则悠远，持续的时间很长，就是基业长青；无息则博厚，厚德载物；无息则高明，高明到超出他人的想象，活在他人想象之外。我们现在就活在他人想象之外。

不要讲尽力，要尽心

不同的人尽的力不一样，尽力的人浑身是戏，尽力的人看着苦，却产生不了价值。一件事，你说你尽力了，那是托词，其实你可能没尽心，就是去比画了一下，一定要把心投入，才能创造价值，才会有结果。

始终服务于最终目的

我们整个人生的每一天都在做决策，决策大部分是不可逆的，但决策的思维是可逆的。不要按照决策树来思考，因为决策树是只看上一步和下一步；而我们要在每一步，都回望出发的原点和要达到的最终目的。围绕最终目的，随时回到原点思考，才能解决问题。

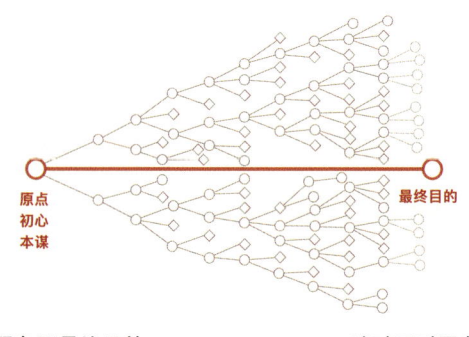

原点
初心
本谋

最终目的

始终服务于最终目的　　　　　随时回到原点思考

不明知有害而为之

1. 宁可不作为,不可乱作为

客户来是要先交钱的,允许收客户的钱什么都没干,交了咨询费,没得到什么好处,这是客户应该承担的风险;但是如果"被冒险"而遭遇重大损失,就是咨询公司的罪恶。

重要的是后面这句——不可乱作为。

笔下有财产万千,笔下有人命关天,笔下有是非曲直,笔下有毁誉忠奸。

2. 承认失败,接受失败

客户不接受我们的时候,我们就接受客户的不接受。要接受失败,如果不接受失败,你就会想方设法迎合他,满足他,给他新方案,你就会乱动作,那是一种欺骗。接受失败,转身就走,不要贪钱。

营销的两种价值观

一是利用信息不对称,消费者不需要真相,也不懂得产品科学,我只需要占领他的心智,蒙住他的眼睛,牵着他的手,让他选择我。

二是让信息对称,假如信息对称,假如消费者是专家,懂得产品和服务的一切真相,他就一定会选择我!

华与华品牌观

我们建立品牌,是为了方便顾客和社会监督我们,把我们的一切工作置于顾客和社会的监督之下。

如果我们做了对不起顾客和社会的事儿,我们行不更名,坐不改姓,我们就在这里,接受处罚,付出代价。如此,我们才能得到继续服务的机会。

闻过则喜,发自内心,符合利益。

非竞争论

这针对的是企业界普遍存在的竞争对手崇拜症。

谈企业战略,离不开竞争战略。华与华的竞争观是,竞争是一种幻觉,同行是一种假设,我们称之为"非竞争论"。

泡妞论和饭碗论

"泡妞的关键在于妞,不在于情敌。"

"人性的弱点,就是总盯着谁抢了他的饭碗,不盯着谁给了他饭碗。"

"盯住顾客,而不是盯住对手,当你全神贯注地关注顾客,你根本没兴趣知道别人在做什么。"

君子之争譬如射箭

"仁者如射,射者正己而后发。发而不中,不怨胜己者,反求诸己而已矣。"

——《孟子》

胜可知,而不可为

"昔之善战者,先为不可胜,以待敌之可胜。

不可胜在己,可胜在敌。

故善战者,能为不可胜,不能使敌之必可胜。

故曰:胜可知,而不可为。"

197

增长观　发展观　生存观

发展比增长重要，生存比发展重要。发展是建立未来的生存能力。

增长是短期问题，可有可无。发展是战略问题，就是不断提高企业在未来的竞争力。

生存是一切的前提。生存是命脉问题，如何能够"永不出局"，才是老板的根本任务。人类、国家、城市、企业、个人，最愚蠢的莫过于一心贪婪于增长，而不投资发展面向未来的能力，最终危及生存。

华与华学习观

学习的本质，是一种行动反射，不是知识记忆；学习的关键是"知行合一"。

①学习本身就是人生的目的。

②学习不是为了更成功，是为了让自己免于愚蠢。

当你想要更成功，你就会弯道翻车；当你一心一意让自己免于愚蠢，你就会滴水穿石，日日不断积累。

学习的五个部分：敬畏之心、切己体察、事上琢磨、知行合一、举一反三。

敬畏之心：要有敬畏之心，而不可有"胜心"。

切己体察：我们学习，是为了自己进步，不是为了胜过谁，更不是为了要"制"谁。

事上琢磨：放在自己身上想，并且一定要在自己所做的具体事情上琢磨。

知行合一：要在具体的事情上，反复练习学到的东西，做到"知行合一"。

举一反三：标准只有一条，即要学到解决问题的基本思路，并将其内化成为我们思维的一部分，做到闻一知十、举一反三。

祛除"四个不知道"

① 做之前，不知道自己要做什么；
② 做之时，不知道自己在做什么；
③ 做之后，不知道自己做了什么；
④ 不知道自己不知道。

附录一

华与华简史

SINCE 2002

华与华诞生

按华楠的说法,华与华是1974年诞生的,因为他那一年出生,之前只有哥哥华杉。华杉、华楠兄弟俩分别于1971年5月16日和1974年8月28日出生于贵州省遵义市道真县的一个教师家庭。1992年,华杉毕业于吉林工业大学汽车学院。1997年,华楠毕业于中山大学管理学院。2002年7月8日,华与华兄弟在广州创办华与华,并于2003年12月24日平安夜迁往上海至今。

2002

竹林众生、康必得

2002年7月8日,华杉、华楠与孙璐在广州创办华与华。竹林众生和康必得是华与华最早的两个客户,这两个客户支持华与华度过了第一个半年。正是因为开始就有这两个客户,华与华从开门的第一天就赚钱,并且在整个发展历史上从来不亏损,一直不差钱。

大事件:华与华在广州天河建和中心大厦创立

7月,华与华在广州天河建和中心大厦成立,初创期一共5个人。虽然华与华创立之初只有5个人,但是华与华从开业第一天起，就确定以后一定要用最好的办公条件，所以华与华一开业就在广州天河建和中心大厦租了一个200多平方米的写字楼。而且，华与华从创业起就始终坚持"所有的事都是一件事"的工作理念和"少人化、一专多能"的工作方法。2008年，华杉接触到丰田生产方式之后，发现华与华的理念与丰田完全一致，这为华与华之后聘请日本管理咨询顾问公司并系统学习丰田生产方式埋下了伏笔。

·华杉在建和中心办公室办公　·华与华在广东从化区举办第一次年会

2003

大连美罗、田七牙膏、华夏幸福、额尔古纳

美罗是华与华第三个客户，"胃痛？光荣！肯定是忙工作忙出来的。美罗牌胃痛宁片"。紧接着第四个客户是田七牙膏，"拍照大声喊'田——七——'"这就是"播传"的华与华方法。不是做传播，是做播传，播一个东西让它自己会传，长腿

的创意自己会跑。在2003年,华与华也开始了与华夏幸福的前身,即固安工业园区的合作,并且持续到今天。华与华一直伴随着华夏幸福从年销售额不到十亿元,直到年销售额超千亿元的企业发展历程。呼伦贝尔的额尔古纳市,是华与华的第一个城市品牌客户。

大事件:华与华迁至上海南京西路

2003年是华与华丰收的一年。2003年夏天的时候,全公司只有9个人,就已经实现了超千万咨询费的收入,这时华与华的事业"小荷才露尖尖角"。2003年年底,华杉为了公司的发展,决定把华与华从广州搬到上海,当时全公司一共11个人,一个都不少全部搬到上海来,华杉一如既往地选择最好的办公环境，在南京西路租下了中欣大厦的写字楼，展开了华与华在上海的历程。

12月圣诞夜，华与华迁往上海南京西路。

· 设于南京西路中欣大厦的办公室

2004

晨光文具、益佰制药

晨光文具是华与华到上海后的第一个本地客户，华与华从产品的四个本质属性认识制笔业，基于"从工具、器具，到道具、玩具"的产品认知，提出晨光文具"书写创意"的品牌定位，文具业不是制造业，同样也是创意产业。华与华帮助晨光文具取得了非凡的成功，成为中国制笔业遥遥领先的第一品牌。

华与华与益佰的渊源，是从一个3000万元销售额的小企业开始的，创立"克刻"品牌和"做足100"企业品牌，一直走到今天。如今的益佰制药已经成为名列中国制药业百强的上市公司。

2005

三精制药、黑妹牙膏

三精蓝瓶是华与华的代表案例,在与华与华合作之前,三精制药已经有了蓝瓶的口服液和广告,但并没有把蓝瓶作为三精制药的品类战略和品牌资产。华与华为三精制药提出了蓝瓶战略,在华与华的建议下,三精制药注册了华与华设计的蓝瓶商标,开启了一个新的蓝瓶时代。

2006

辅仁药业

辅仁药业是华与华的经典案例之一,华与华为辅仁药业设计了"红十字"的超级符号系统,包装设计的"十字",则是"让产品自己会说话"和"最简单,最直接"的典型华与华风格。

大事件:华与华投资成立读客图书公司

华楠决定将华与华方法导入出版业,于2006年8月投资成立读客图书公司,华楠任董事长。读客图书深度展现了华与华方法中货架思维的陈列优势,单品销量为行业平均水平的39倍。

读客图书一开始作为华与华的子公司，在2012年经过改制，和华与华一起成为两家由华杉华楠兄弟互相持股的独立法人企业。2021年读客上市，股票代码：301025。

·华楠与熊猫君　　　　　·读客Logo

2007

葵花药业

企业战略不是企业的战略，而是企业为了承担某一社会责任，解决某一社会问题，而为社会制定的战略。2007年华与华为葵花药业提出儿童药战略，承担保护中国儿童用药安全的企业社会使命，并为葵花药业设计了小葵花的品牌角色形象和小葵花儿童药产品包装，体现了华与华"所有事都是一件事"的做事方法。葵花药业也在华与华的建议下进行了儿童药品种的收购，成为今天中国最大的儿童药品牌。

企业的战略
即企业为了承担某一社会责任，解决某一社会问题，而为社会制定的战略。

企业的产品和服务
即组成该社会问题有效的、全面的、可持续的解决方案。

大事件：华与华搬入绿地和创大厦

  2007年，华与华买下曹杨路绿地和创大厦2409-2411室，并于2007年7月27日将公司搬入绿地和创大厦。当时的华与华还是不到20人的小而精的团队，公司的发展也迈入了新的阶段，在绿地和创大厦创造了无数经典案例。上面这张照片看起来人不少，是包含了当时读客图书的员工。

2008

孔雀城、世家

营销是基于预期的投资。当孔雀城只有不足十亿元的年销售额的时候,华与华就提出了三年一百亿元的目标,并且建议孔雀城按照一百亿元的目标,来进行"一个北京城,四个孔雀城"的广告投资,一路推动孔雀城发展到今天,实现了超过一千亿元的销售规模。

大事件:投放中国三大航机杂志广告,并持续至今,从不间断

2008年5月,华与华开始在国航的《中国之翼》、东航的

213

《东方航空》和南航的《南方航空》这三大航机杂志上投放航机杂志广告。这是华与华投放航机杂志广告的第一步,并且持续投放至今,从不间断。今天你去坐飞机,只要翻开航机杂志,还能看到华与华"超级符号就是超级创意"的广告内容。

· 三大航机杂志广告

随后,华与华又陆续在北京首都机场、上海虹桥机场、上海浦东机场、深圳宝安机场和新加坡樟宜机场投放公司广告。

· 北京首都机场航站楼户外高炮广告

· 上海虹桥机场LED广告

· 新加坡樟宜机场T1&T3行李屏广告

215

2009

六颗星、珍视明

六颗星牌长效肥,轰它一炮管半年!华与华帮助吉林云天化在东北建立了化肥第一品牌——六颗星牌长效肥,这是华与华方法在大农业产业的首次实践。在之后近十年的合作中,华与华帮助吉林云天化深入布局绿色食品产业,推动农业全产业链整合。

大事件:华与华在中国十大电视广告主中有四个客户

在如火如荼的电视广告时代,华与华是中国电视广告创意制作的骄子。在中国十大电视广告主中拥有黄金搭档、黄金酒、田七、三精蓝瓶四个客户。

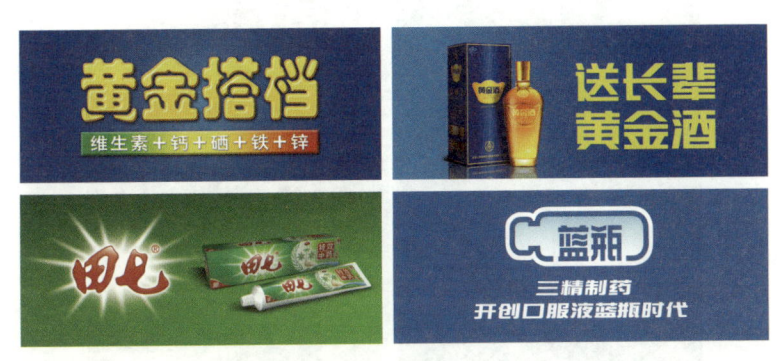

2010

厨邦

厨邦酱油是华与华"超级符号就是超级创意"的代表案例。餐桌布绿格子是全世界每个人都熟悉的餐厅的符号、吃饭的符号，华与华运用全人类的集体潜意识，把餐桌布绿格子的符号原力注入厨邦品牌，让厨邦品牌一夜之间成为消费者的老朋友，并获得终端陈列优势和品牌投资储钱罐。在华与华提出绿格子的符号创意之后，厨邦以其强大的企业执行力，一个月内就将所有的包装、厂房、服装全部换新！

大事件：肖征任华与华总经理，成为华与华合伙人

2009年，华杉因为长期的操劳和用脑过度，得了焦虑症，不断看病求医，还开始服药。在这种压力下，他开始重新思考对华与华公司的经营和对自己的定位。之后华杉将这个时间总结为他自己转变和公司成长的一个契机，这时的生病是上帝的礼物。就是在当时的背景下，肖征于2010年2月升任总经理，成为华与华合伙人，也为未来华与华建立合伙人制奠定了基础。

2011

2345.com、51.com、太龙药业

2345.com和51.com是华与华最早的两个互联网客户，今天你打开这两个网站，还能看到华与华设计的蓝色小章鱼和红蝙蝠这两个超级符号。

华与华为太龙药业设计了字母"T"上盘着一条龙的品牌标志。同时在包装上让瓶身盘了一条同样的龙，形成"盘龙瓶"，加深消费者的记忆。在为太龙药业拍摄"双黄连口服液"和"双金连合剂"的广告片时，为了突出"龙"这个戏剧点和记忆点，选用龙王作为主角，手拿产品包装，让观众视线集中在包装的同时，也能记住龙的形象。

2012

360

360的案例,体现了华与华=战略咨询公司+产品开发公司+广告公司,是华与华战略咨询、产品开发、品牌管理三位一体服务的典型案例。通过"安全第一"的品牌口号,提出通过并购进入互联网安全to B业务的战略,并提出召开中国互联网安全大会作为企业的社会服务产品。

在四年的时间里,360诞生了一个新的业务集团——360企业安全集团,从以前的to C(大众)到to B(企业)和to G(政府)。随着安全业务的延伸,华与华帮助360实现了战略转型,深入客户业务的核心。

2016年 奇虎360—93亿美元价值版图

2015年互联网安全大会上的360展台

大事件：颜艳任华与华副总经理、华与华合伙人

2011年是华与华关键的一年，迎来了团队的决定性成长，华杉明确了华与华的未来是"以合伙人制度打造咨询创意集团"。2012年1月，颜艳任华与华副总经理，成为继肖征之后华与华新的合伙人。

2013

西贝莜面村

继厨邦酱油之后，"I♥莜"又是华与华"超级符号就是超级创意"方法的明星案例。华与华为西贝创作了"I♥莜"的超级符号，用这个世界性符号的影响力，开创了西贝品牌升级的新时代，推动西贝从一个地方气息浓厚的品牌，跃升为一个国际化的时尚餐饮品牌。西贝莜面村是华与华超级符号方法和品牌资产观的代表案例。

大事件：出版《超级符号就是超级创意》

2013年11月，由华杉、华楠兄弟亲自撰写的《超级符号就是超级创意》出版。在此之前，华与华方法的只言片语在营销界流传已广，作为本土营销界第一套成体系的营销思想，一直都以残篇断章的形式，被爱好者、研究者通过打印机、复印件、转发贴或者U盘传播。

《超级符号就是超级创意》一经出版就横扫当当、京东、亚马逊的新书排行榜，被《人民日报》推荐为"30个领域的入门书"之一。

2014

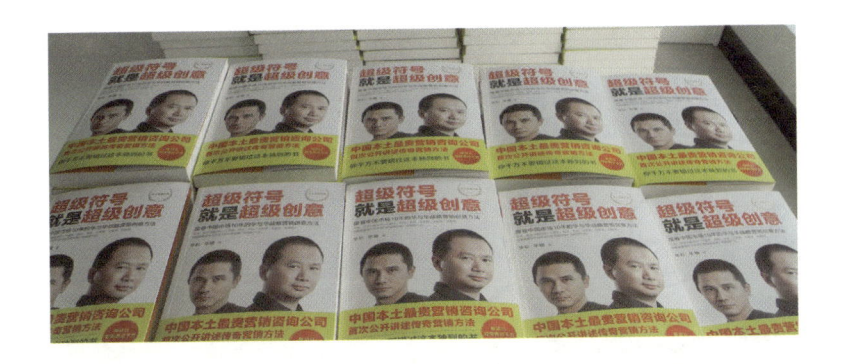

肯帝亚超级地板

肯帝亚超级地板是华与华方法运用在家装行业的代表案例。华与华为肯帝亚创作了超级符号"肯帝亚先生",为品牌注入超强识别度和超强信赖感;超级口号"敢说0甲醛,铺好就能搬"给出具体的利益和结果。

同时,帮助肯帝亚进行终端改造升级,运用货架思维重新设计门头,并创意了水幕墙等超级道具,为门店带来了实实在在的进店率和成交量。肯帝亚十四年磨一剑,用超级地板开启中国家装材料健康新时代。

大事件：正式启动合伙人制度，贺绩升任合伙人，设立并颁发100万元超级创意大奖

2014年9月，华与华聘请中国台湾开放智慧引导科技股份有限公司提供管理咨询服务，并辅导华与华召开了"裂变大会"。在这次会议上，华与华正式启动了合伙人制度。

这一年，原策略总监贺绩成为华与华新的合伙人。在裂变大会的小组讨论中，公司同事认为既然我们一直强调创意，就应该每年奖励一个超级创意，最好直接奖励100万元人民币。正好华杉在背后听到了这句话，华杉现场找到华楠、肖征和颜艳商量，当场就决定设立华与华百万超级创意大奖，这个奖项也成为行业内最大的现金大奖。

· 裂变1现场照片

2015

莆田餐厅、海底捞、绿源电动车、嘉华鲜花饼

莆田项目是华与华方法在海外市场上的第一次成功实践。2015年合作至今，华与华为莆田建立了"莆田蓝、水波纹"的超级符号，统一全球门店完成莆田全球品牌的管理升级；基于企业的基因禀赋，为莆田提出"好食材战略"，以食材节这一季节性营销活动建立起独特的企业经营活动，统领了莆田全球总部创新业务的节奏。

2015年海底捞与华与华开启合作，为配合海底捞全球化，华与华创作字母变形为辣椒的"Hi"，这一超级符号一举统一了集团3大业务：海底捞外送、海底捞调味料、海外门店，共享了品牌资产；并基于大众口语传播，创作了品牌谚语："一吃海底捞，马上没烦恼。"

2023年海底捞启动海外业务，华与华提出企业要坚持自己的文化和话语体系、知识体系，让huoguo成为全球词汇，也解决了品牌全球品类通用名的问题。

大事件（1）：提出三个"压倒性地投入"

第一，压倒性地投入员工激励和分配，设立每年总金额111万元的华与华百万创意大奖。

第二，压倒性地投入员工培训，两年投入600万元培训费用。2015年到2016年两年之间，华与华集中投入员工培训的费用近600万元。华杉认为华与华的员工是给企业家做顾问的，要能和企业家对话，就要去读EMBA，于是决定资助员工去念上海交大EMBA，截至目前已送出8名EMBA学员。2015年3月起，华与华聘请日本尚和管理咨询公司，为华与华正式导入TPS丰田生产方式，并组织全公司员工赴日游学。

第三，压倒性地投入广告投放，包括航机杂志广告、北京首都机场高速高炮广告、深圳宝安机场高速高炮广告和上海虹桥机场灯箱广告。

大事件（2）：出版《华杉讲透〈孙子兵法〉》，启动华与华文库系列图书出版计划。

2023年十周年纪念版	2023年全新增订版	2019年出版	2019年出版	2020年出版	2020年出版	
2020年出版	2021年出版	2021年出版	2021年出版	2022年出版	2022年出版	
2022年出版	2023年出版	2023年出版	2023年出版	2023年出版	2023年出版	
2015年简体版	2016年韩文版	2017年繁体版	 2019年泰文版	2016年出版	2018年出版	
2019年出版	2019年出版	2019—2023年出版				

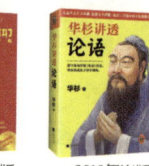

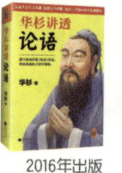

2016

汉庭酒店、筷手小厨、文新茶叶

广告是宣传，更是承诺和行动。针对酒店行业最受社会关注的卫生问题，华与华为汉庭酒店创意了"爱干净，住汉庭"的口号。这不仅是一句广告话语，更是汉庭酒店给消费者提供的一份"干净承诺"，指导汉庭酒店发起"干净运动"，不断提升清洁师职业地位和酒店卫生水平，让看不见的地方也干净，最终实现"极致干净"的目标。

2017年，新品汉庭平均每间房溢价22元，开业18个月以上的成熟门店营收溢价大幅度提升，成为行业增长奇迹。汉庭母公司华住酒店的股价更是在两年内上涨500%，市值突破100亿美元。

大事件（1）：华与华商学院正式成立

2016年1月，华与华继续加强培训投入，正式成立"华与华商学院"，打造华与华培养"战略家、创意人、合伙人"的摇篮，华杉任商学院董事长，颜艳任教务长。

·华与华商学院首次开课

大事件（2）：陈俊升任合伙人

2016年1月，项目总监陈俊升任华与华合伙人，成为华与华最年轻的合伙人。

·陈俊升任合伙人

大事件（3）：乔迁至开伦江南场创意园区

2016年4月18日，华与华乔迁至上海印钞厂旁边的开伦江南场创意园区，隔壁就是读客图书办公楼。

·开伦江南场乔迁仪式

2017

斯利安、足力健、先锋电器、立高食品

2017年，华与华为斯利安药业制定了"保护孕婴健康"的企业战略，创作了类公共符号"孕妇小红人"的超级符号和"有斯利安，怀孕好心安"的品牌谚语。

足力健专注老人鞋品类，提出"专业老人鞋，认准足力健"。

华与华为足力健确立"让每一位老人都穿上专业老人鞋"的使命，并设计足力健全新超级符号，全面推广"老人要穿老人鞋"理念。

立高食品，中国烘焙全产业链供应商，华与华B2B品牌标杆案例。2017年，华与华为立高创作了超级符号"蓝条纹"和品牌谚语"烘焙找立高，款款都畅销"，帮助立高集团整合旗下3家公司、6大业务、21个品牌，实现了品牌的全面统一。

大事件：宋雅辉升任合伙人

2017年1月，高级项目总监宋雅辉升任华与华合伙人。宋雅辉从毕业就进入华与华工作，一直干了十年，成为合伙人，是在华与华成长的标准样板。

2018

蜜雪冰城、傣妹火锅、梦百合、老娘舅

蜜雪冰城，华与华本土品牌全球化的标杆案例。华与华用两大核心技术一战而定，为蜜雪创作全球化超级符号"雪王"，以及品牌谚语"你爱我，我爱你，蜜雪冰城甜蜜蜜"，助力蜜雪启动全球化战略，成为中国茶饮行业的规模冠军！

"我爱傣妹，傣妹爱我"——华与华老品牌焕新标杆案例。通过超级符号、品牌谚语、超级菜单、超级产品"华与华餐饮四大天王"，一举推动21年火锅老品牌销量逆势上扬，品牌全面焕新。

大事件:"华与华文库"专柜登陆各大机场书店

2018年2月23日,华与华乔迁至上海环球港A座27层。2018年4月14日,首批"华与华文库"专柜入驻上海浦东机场,覆盖T1、T2航站楼内7大书店,成为华与华企业品牌的新风景线。

· 环球港楼体霓虹广告:欢迎华与华

2019

新东方、得到、牛小灶、爱好

华与华为新东方创作了"新东方,老师好!"的品牌谚语,一举打通企业部门墙和品牌墙,推动新东方旗下各条产品线从教学质量、运营体系到品牌传播的全面改革。

得到APP是中国一流的知识服务商,2018年华与华为得到APP创作了代表知识智慧的"猫头鹰"超级IP形象,协助得到建设成为一所世界领先的新型通识大学,为终身学习者提供知识服务。

洽洽、奇安信、人本、SKG

洽洽，掌握关键保鲜技术！以包装为营销起手式，用一个超级符号统领企业战略、品牌营销、包装设计、广告创意，一次做对，一次做全，让产品摆上货架就开卖！

华与华为人本帆布鞋打造"人字头"品牌鞋型，通过超级符号产品化，建立起企业可以安身立命，持续积累100年的品牌资产。

华与华从货架环境出发，为SKG确立了全新品牌色和超级符号"天鹅S"，以重叠放大术，让包装、广告、陈列、店面在终端一眼被识别，一举奠定品牌资产基石。

东鹏特饮、KK少年、鲜丰水果、八马茶业

华与华为东鹏特饮创作具有视觉强制性的超级品牌画面，强势占领品牌话语；寄生全球风靡歌曲《Ole Ole Ole》，打造能卷入消费者的品牌醒脑广告，放大品牌戏剧、积累品牌资产；同时设计开发新品"东鹏加気"，不断助推东鹏成为功能饮料领军品牌。

为今童王打造专业少年装品牌"KK少年"，从品牌顶层设计到产品结构调整、门店空间升级，用哲学级洞察和保姆式服务，为小企业战略转型指明方向，保驾护航。

华与华用"emoji"和"苹果"这两个符号，为鲜丰水果创作了这个能唤醒集体潜意识的超级符号，释放对味蕾、情绪的强大刺激信号，让全新门店"秒杀"一条街。

华莱士、七猫免费小说、好大夫、潭酒

华与华为华莱士创作了"W鸡"的超级符号,提出"全鸡&汉堡"的品类战略,助力华莱士全国万店品牌焕新。

华与华为七猫创意设计一个以数字7为外形,带有猫元素的超级符号,并让七猫的流量广告都打上超级符号的烙印,让花出去的每分钱都在积累品牌资产。

华与华为好大夫在线创作了"双手点赞好大夫"的超级符号,发动品牌传播战,帮助好大夫提高公众知名度,实现从"小众品牌"到"公众品牌"的转型。

大事件(1):高级项目总监许永智升任华与华合伙人

许永智在华与华的五年多时间,做事非常认真,认真到"一句话不准确、没有定义,就不舒服",认真之后,就带来了对华与华方法理解和应用的准确。

大事件（2）：华与华超级符号品牌课正式对外开课

·4月首期课

·10月二期课

大事件（3）：第六届华与华百万创意大奖赛首次公开竞演

2019年12月22日，第六届华与华百万创意大奖赛圆满落幕！本届大奖赛是华与华历史上首次对外公开竞演。标准票每张1万元，VIP票每张1.5万元，350张门票提前3周全部售罄。

本届大赛的获奖项目组：第三名牛小灶项目组，奖金20万元。第二名傣妹火锅项目组，奖金30万元。足力健老人鞋项目组最终力压群雄，夺得了100万元创意大奖。其余5个项目组获得入围奖，奖金各有5万元。华与华还邀请了上海爱乐乐团，为现场嘉宾带来精彩的演出。

· 八大参赛案例现场展厅　　· 华杉百万创意大奖现场演讲

· 上海爱乐乐团现场音乐会　　· 百万创意大奖颁奖典礼

2020

六个核桃、胡桃里、新潮传媒、海氏

华与华与六个核桃的合作，不仅仅是提供咨询方案，在企业经营发展出现波动困境时，为其及时准确地找到真因；临大事，决大疑，定大计，是华与华帮助企业排除干扰，坚持自我，少走弯路的代表案例。

华与华为新潮传媒创意"电梯广告投新潮，全家老少都看到"的品牌谚语，强化新潮在社区的梯媒资源优势，"类电梯公共符号"超级符号让新潮牢牢占据电梯场景。

华与华寄生烘焙场景，用苏打饼干这一符号原型，为海氏烤箱创造了"饼干H"的超级烘焙符号，极大程度地降低了传播成本，建立品牌资产。

盼盼、唱吧、轩妈蛋黄酥、幸运咖

盼盼食品，华与华快消品标杆案例。华与华用两大核心技术帮助盼盼一举决胜2022北京冬奥传播战役，为盼盼创作了超级符号"PP熊"作为品牌大家长，统领盼盼旗下所有产品线包装，快速积累品牌资产；同时创作了冬奥传播品牌谚语"吃盼盼，看奥运"，迅速助力盼盼食品成为快消品领军品牌，快速实现品牌登顶。

唱吧项目，是华与华3C产品的标杆案例，也是进军电商领域的代表案例。基于唱吧音乐集团的基因禀赋，让品牌字标寄生于音乐的最高联想，创作出将八分音符私有化的超级符号。同时创作了"在家K歌，就用唱吧小巨蛋"的品牌谚语。创新开发线下终端陈列，利用电商元媒体开发技术，规划产品详情页，构建音箱麦克风品类第一品牌护城河。

大事件（1）：咨询公司也需要找咨询公司咨询

1月，"开放智慧"公司帮助华与华召开"裂变2"会议，凝聚共同愿景，深化裂变长效机制，完善员工发展政策，开启华与华新的十年。

6月,与光辉合益公司签约,该公司为华与华提供人力资源咨询服务,为华与华量身定制职业生涯体系、薪酬体系和绩效体系。

7月中旬,"华与华管理者发展计划"——组长训练营正式启动,提升核心管理层领导力、判断力与客户对话力。

大事件（2）：华杉年度大型直播课上线

7月，《华与华方法与案例史》直播课正式上线，一年12堂课，196个案例，既是专业的案例史和方法史，也是华杉老师个人口述的成长史。

大事件（3）：超级符号研究所正式成立

11月24日，华与华与浙江传媒学院本着"院企协作、知行合一"的原则，共建"超级符号研究所"，用超级符号重新建构传播学。首个研究课题——"超级符号理论与实例"现已正式启动。

2021

鸭鸭羽绒服、丰茂烤串、五爷拌面、喜多多

华与华为鸭鸭创作了超级角色"Y嘴鸭",创意了"一口吃天"的品牌谚语"天冷了,就穿鸭鸭羽绒服",还创意了鸭鸭品牌醒脑歌曲,让世界传唱鸭鸭。鸭鸭羽绒服是华与华在服装行业的代表案例。华与华助力鸭鸭二次创业,鸭鸭在3年内创造了8000万元到110亿元GMV(商品交易额)的行业增长奇迹,成为全球销量第一的羽绒服品牌。

华与华为喜多多创意了超级符号"新喜神"、品牌谚语"吃喜多多,喜事多多",让喜多多扎根到全人类都喜欢的文化里,放大品牌能量,建立起品牌的根基。华与华为喜多多建立的品牌战略目标,就是成为风俗品牌。从福建的风俗到中国的风俗,再到全世界的风俗,最后进入全人类的日常生活中。

如水坚果、天猫养车、鲜啤30公里、N多寿司

全球品牌需要全球符号，大众品牌需要大众符号，那么高端品牌就需要高级符号。如水坚果项目，就是华与华打造高端品牌的代表案例。华与华为如水创意了高级符号"如水松鼠公爵"，以精湛的创意和手艺打造出高端坚果品牌。

华与华为N多寿司提供了战略咨询合作、品牌咨询合作、管理咨询合作，以及企业文化咨询，从超级符号训练营到知胜大会，从新品上市宣贯会到全国寿司大赛，助力N多打造组织共同体，形成品牌管理节拍，打造超级品牌领导力。

鱼你在一起、四只猫、道真、一心一味

华与华以全球品牌经验，服务鱼你全球发展！发挥鱼你在

一起的关联性和与生俱来的戏剧性,创意了全球统一识别的"亲嘴鱼"超级符号,品牌名&符号融为一体,放上门头,信号能量得到最充分的放大。

华与华为道真创意了品牌谚语"要想身体好,多往道真跑"、超级角色"歪嘴秦童",并从城市品牌定位、城市元媒体工程,到超级歌曲广告片,用超级符号的方法为道真建立城市品牌。华与华非常荣幸能够回报家乡,参与道真的城市品牌建设事业。

安儿乐、宜品、鸿兴源、大窑、牛大吉、远明老酒

华与华与时代宏大叙事相结合,顺应国民牛肉消费升级的大趋势,传播牛肉的价值,为牛大吉创作了"每天吃牛肉,强壮中国人"的品牌谚语；并且创造了品牌永远免费的代言人"大黑牛"，把品牌角色寄生到大众生活中去，在高速开店阶段一招"知胜"，提升牛大吉的品牌知名度。

华与华用"宜品纯羊奶粉，不含1滴牛乳"传递品牌价值，建立品牌资产；创作了能让全国小孩都爱上的超级符号纯羊小公主，建立品牌壁垒，提升产品价值感。

大事件（1）：启动搭建华与华知识银行，召开"品牌五年计划"研讨会

3月，华与华泛微知识管理系统项目正式启动，为华与华搭建便于全员共享的华与华知识银行。7月，"开放智慧"公司帮助华与华召开"品牌五年计划"研讨会，讨论华与华业务战略，确定华与华第三个十年业务战略，为10亿元咨询收入的目标打下扎实基础。

大事件（2）：读客文化上市

7月19日，读客文化股份有限公司正式登陆创业板（股票代码：301025），成为又一家成功上市的民营大众出版企业。

大事件（3）：华与华"品牌五年计划"新业务的模块组合确立

8月,"开放智慧"公司帮助华与华召开了"品牌五年计划"工作坊会议。会议主要围绕华与华业务战略展开研讨,确定了华与华第三个十年业务战略——"品牌五年计划"这一新业务的模块组合,为10亿元咨询费收入的目标打下扎实基础。

大事件（4）：资深项目总监杨鹏宏升任华与华合伙人

在华与华年会上,董事长华杉宣布杨鹏宏正式成为华与华第七位合伙人。志有定向,永远不晚,杨鹏宏40岁进入华与华,46岁成为华与华合伙人。

2022

正新鸡排、葵花阳光米、新东方烹饪、福庆板材

2022年，正新鸡排与华与华达成品牌战略合作。华与华以超级符号为起手式，为正新鸡排创作了品牌谚语"就爱这块，正新鸡排"、超级符号"鸡王"和全新的门店形象，一举完成正新鸡排品牌战略定型。

华与华发挥福庆品牌与生俱来的戏剧性，找到了"灯笼"这个文化母体，设计出了福庆超级符号"福庆灯笼"，并用超级符号统领福庆各个板块的业务，降低企业营销传播成本。此外，华与华创造的超级角色"福庆灯笼人"，成为福庆管用百年的免费代言人。

沙发猫、店小二、Giftlab、丝恋丝娃娃

2022年8月店小二和华与华达成战略合作，是华与华第一个海外市场本地客户。华与华为店小二创作了"2鸭"超级符号以及"来新加坡必吃的药材烤鸭"的品牌谚语，并在新加坡当地门店进行了持续改善。

丝娃娃是贵阳有名的小吃，因为外形像襁褓中的娃娃而得名。基于这种品牌戏剧性，华与华为丝恋创意了两个恋爱的丝娃娃，并为他们戴上了以倒扣着的丝娃娃产品形象为原型的帽子，让丝恋从此拥有了可描述、有原力的超级符号。

天地壹号、天星教育、爱聊

华与华为天星教育创意了超级符号"天星老师"，建立品牌资产储蓄罐；又创意了"上课认真听，下课练天星"，将品牌谚

语嫁接到每个人都经历过的文化母体场景。2022年年底，天星品牌谚语、超级符号对外发布，官方公众号好评率95%以上。

大事件（1）：华与华新加坡办公室正式开业，华与华"10亿产能咨询大厂"办公室投产使用

1月，华与华新加坡办公室正式开业，标志着华与华以新加坡为海外总部开展战略营销品牌咨询业务，开启了华与华品牌全球网络；7月，华与华从环球港27层搬到了31层和32层，并在环球港举行了10亿产能咨询大厂投产仪式，宣布华与华正式朝着10亿产能进发。

大事件（2）：成功举办首届华与华500万品牌5年管理大奖赛，华与华超级符号品牌设计线上展正式上线

7月，第一届华与华500万品牌5年管理大奖赛圆满落幕。厨邦项目组获得了第一名，奖金500万元；奇安信项目组获得了第二名，奖金150万元；西贝项目组和莆田餐厅项目组并列第三名，奖金112.5万元。此次大奖赛共发放奖金875万元。

同月，华与华超级符号品牌设计线上展正式上线，通过VR云展厅技术，还原线下展览。

大事件（3）：浙江传媒学院和华与华合作的首个学术成果《超级符号理论与实例》上市

8月，由浙江传媒学院和华与华合作的首个学术成果《超级符号理论与实例》上市。10月15日，第一期超级符号实验班开班仪式暨《超级符号理论与实例》新书发布会，在浙江传媒学院桐乡校区正式举行。

大事件（4）：超级符号艺术工作室正式开业

9月，华杉、华楠兄弟创立超级符号艺术工作室，将超级符号理论运用于雕塑和装置艺术创作，这是华与华孵化的一个宏大愿景，让超级符号成为世界级的艺术。

大事件（5）："华杉的弟彻底讲透超级符号原理"线上课重磅上线

11月，"华杉的弟彻底讲透超级符号原理"线上课重磅上线。

2023

泸溪河、雪海梅乡、匡迪、统一

华与华为匡迪创意了"匡迪保温杯，明天还烫嘴"的品牌谚语，以及"烫嘴哥"的超级角色，实现品牌高效的积累，帮助匡迪从上场到定型一次完成。9月26日，匡迪在浙江永康召开品牌超级符号发布会，完成品牌的全新亮相！发布会现场盛况空前！

瓜子二手车、海之言、好益多、好想来

3月，万辰集团和华与华达成品牌战略合作，华与华为好想来品牌零食创作了超级符号"袋子兔"、品牌谚语"来来来，好想来"和全新的门店形象，帮助好想来一举奠定品牌战略，高效积累品牌资产。

德邦快递、亢敏君、越汇乌鸡卷、UCC

7月，德邦快递和华与华达成品牌战略合作。华与华从积累品牌资产及降低品牌成本两个角度出发，创意出"超过3公斤，大件发德邦"的品牌谚语，并创作了一个承载快递盒起飞的飞象，有了"德邦飞象"的超级符号，德邦快递品牌立马就拥有了可识别、可播传的品牌资产，一目了然，一见如故！

大事件（1）："华板周二课堂"线上课开课

3月，"华板周二课堂"线上课开课，华杉老师内部培训首次对外公开。

大事件（2）：西贝华与华合作十周年庆典

9月19日，西贝华与华合作十周年庆典，在北京嘉里大酒店圆满落幕。庆典期间，华杉为大家做了题为"年年不断，十年起步"的主题演讲，分享了："订单式咨询"不成立，华与华开创"订阅制咨询服务模式"。

2024

大事件：代彩侠升任华与华副总经理，黄慧婷升任华与华合伙人

2024年1月19日，在华与华"100%高质量"年会现场，董事长华杉宣布代彩侠升任华与华副总经理，由董事长华杉颁发委任书；黄慧婷升任华与华合伙人，由华杉、华楠颁发委任书及奖杯。

附录二

华与华百万创意大奖赛
以及
华与华500万品牌5年管理大奖赛

华与华百万创意大奖赛

有一个价值导向，就有一个奖项

华与华创意改变命运的导向：从2014年第一届华与华百万创意大奖赛正式开启，到2019年第六届对外公开竞演，华与华每年12月22日都会举办百万创意大奖赛，来奖励那些为企业甚至行业带来深远影响的超级案例。第一名奖金100万元，第二名奖金30万元，第三名奖金20万元。华与华对百万创意有三个标准：企业第一，因果明确，推动行业进步。

2015年1月，西贝项目获首届100万元超级创意大奖。

2016年1月,360项目获第二届100万元超级创意大奖。

・徐鸿飞小鲜蛋项目获第二届华与华百万创意大奖第二名

・厨邦项目获第二届华与华百万创意大奖第三名

2017年1月，六颗星牌长效肥项目获第三届100万元超级创意大奖。

·幸运方便面项目获第三届华与华百万创意大奖第二名

·绿源电动车项目获第三届华与华百万创意大奖第三名

2018年1月，汉庭项目获第四届100万元超级创意大奖。

2019年1月，莆田项目获第五届100万元超级创意大奖。

注册云集APP
购物享受批发价

· 云集项目获第五届华与华百万创意大奖第二名

我现在就要
绝味鸭脖!
绝

· 绝味鸭脖项目获第五届华与华百万创意大奖第三名

2019年12月，第六届华与华百万创意大奖赛公演，足力健项目获100万元超级创意大奖。

傣妹项目获第六届华与华百万创意大奖第一名

· 傣妹项目获第六届华与华百万创意大奖第二名

· 牛小灶项目获第六届华与华百万创意大奖第三名

2020年12月，第七届华与华百万创意大奖赛公演，洽洽项目获100万元超级创意大奖。

·华莱士项目获第七届华与华百万创意大奖第二名

·人本帆布鞋项目获第七届华与华百万创意大奖第三名

2021年12月，第八届华与华百万创意大奖赛公演，蜜雪冰城项目获100万元超级创意大奖。

· KK少年项目获第八届华与华百万创意大奖第二名

· 潭酒项目获第八届华与华百万创意大奖第三名

2022年12月，第九届华与华百万创意大奖赛公演，四只猫项目获100万元超级创意大奖。

· SKG项目获第九届华与华百万创意大奖第二名

· 鲜啤30公里项目获第九届华与华百万创意大奖第三名

2023年12月，第十届华与华百万创意大奖赛公演，鸭鸭羽绒服项目获100万元超级创意大奖。

- 喜多多项目获第十届华与华百万创意大奖第二名
- 鱼你在一起项目获第十届华与华百万创意大奖第三名

华与华500万品牌5年管理大奖赛

有一个超级价值导向，就有一个超级奖项

华与华整体咨询和终身服务的价值导向：每5年举办一届的华与华"500万品牌5年管理大奖赛"，是华与华颁发给能持续不间断地服务客户满五年，并在品牌五年计划的9大核心产品中取得杰出成效的项目组。第一名奖金500万元，第二名奖金150万元，第三名奖金100万元。华与华对500万品牌5年管理有三大评选标准：持续服务5年以上，持续积累品牌资产，让客户企业少走弯路。

2022年7月8日，首届华与华500万品牌5年管理大奖赛在上海华与华知胜厅举行。最后评选出的结果很有戏剧性，排名次序跟合作时间一致：厨邦项目持续不间断地合作12年，获得了第一名，奖金500万元；奇安信项目持续不间断地合作10年，获得了第二名，奖金150万元；西贝莜面村项目持续不间断地合作9年，莆田餐厅项目持续不间断地合作7年，因竞演过于精彩，难分胜负，华杉和华楠现场临时决定：将总奖金池由775万元增加至875万元，西贝项目组和莆田项目组并列第三名，奖金各112.5万元。

· 厨邦项目组获首届华与华500万品牌5年管理大奖赛第一名

· 奇安信项目组获首届华与华500万品牌5年管理大奖赛第二名

· 西贝项目组和莆田项目组获首届华与华500万品牌5年管理大奖赛第三名

特别鸣谢

感谢为本书做出贡献的以下人员（排名不分先后）：

颜艳、刘玲、冯家毅、李瑶、史梦飞、杨帆、徐昇、张华山、刘谨凯、刘庆庆、孙佳琪。

华与华文库

○ 超级符号序列

《超级符号就是超级创意》
席卷中国市场20年的华与华战略营销创意方法

《超级符号原理》
只要人类还有眼睛和耳朵，还使用语言，
《超级符号原理》就能教你如何影响人的购买行为

《华与华使用说明书》
不投标！不比稿！
100%精力服务现有客户，长期坚持就会客如云来

《华与华正道》
走正道，很轻松，一生坚持必成功

《华与华方法》
企业经营少走弯路、少犯错误的九大原理

《华与华超级符号案例集》
同一个创意套路诞生上百个经典案例，
20年来不断颠覆中国各个行业

《华与华超级符号案例全史》
全面收录华与华20年来155个案例，无遗漏、无隐藏、
无秘密讲透如何用超级符号打造超级品牌！

《华与华文库之设计的目的》
品牌设计、门头设计、包装设计、广告设计、海报设计
都服务于同一目的，就是卖货！立刻卖！持续卖！一直卖！
这需要目标明确的系统性设计解决方案！

《华与华文库之包装设计的目的》
好的包装会自己销售自己，
详解华与华27个放上货架就大卖的经典包装设计

○ 国学智慧序列

《华杉讲透〈孙子兵法〉》
通俗通透解读经典战例，
逐字逐句讲透兵法原意！

《华杉讲透〈论语〉（全2册）》
逐字逐句讲透《论语》原意，带你重返孔子讲学现场！

《华杉讲透〈孟子〉》
逐字逐句讲透《孟子》原意，无需半点古文基础，
直抵2500年儒学源头！

《华杉讲透〈大学〉〈中庸〉》
不读《大学》，就摸不到儒学的大门；
不读《中庸》，就到不了儒学的高峰！
逐字逐句讲透《大学》《中庸》，由浅入深领悟儒家智慧！

《华杉讲透王阳明〈传习录〉》
逐字逐句讲透《传习录》，无需半点古文基础，
从源头读懂阳明心学。

《华杉讲透〈资治通鉴〉》
通篇大白话，拿起来你就放不下；
古人真智慧，说不定你一看就会。

《牢记〈孙子兵法〉口诀》
牢记99句《孙子兵法》口诀，你就能立人生于不败之地！